歴史を翻弄した 黒偉人

黒偉人研究委員会 編

彩図社

はじめに

「偉人」とは、素晴らしい功績を残し、多くの人々から尊敬を集めるような偉大な人物のことを指す。

例えば織田信長。彼は残した偉業の数々、あるいはその武勇伝などから、今なお絶大な人気を誇る戦国武将である。

しかし、その一方で信長は、一向一揆の鎮圧や比叡山の焼き討ちにより、数千人から数万人規模の殺戮を行っている。

また、戦以外の場面においてさえ、残酷な方法で民の命を奪うこともあった。すなわち、彼は正しいことばかりを行ってきた人物ではないのだ。

一方、アドルフ・ヒトラーという独裁者の名を聞いて、「偉人」だという印象を持つ人は少ないだろう。

ご存知の通り、ヒトラーはユダヤ人の大量虐殺をはじめとする、多くの残虐な所業を指示した悪漢だった。

しかし、ヒトラーは独裁者ではあったものの、武力などを用いて権力を掌握したのではなく、法に定められた選挙で総統に選ばれたのだ。

つまり、当時のドイツ国民たちは、彼のことを「頼りがいのあるリーダー」だと認めていたのである。

現代を生きるわれわれからすれば、このように評価がまったく異なる2人ではあるが、その名が未だに語り継がれている理由は、彼らが生きたそれぞれの時代において、人々を翻弄してきたからに他ならないだろう。

本書では、彼らのように決してクリーンとは言えないものの、歴史に名を刻み、民衆に多大なる影響を与えた人物たちを〝黒偉人〟と称し、その素顔に迫った。

「人喰い大統領」と呼ばれたイディ・アミン。

500人以上の敵兵を射殺したフィンランドの超一流狙撃手、シモ・ヘイヘ。

一介の僧でありながら、天皇という地位まであと一歩に迫った道鏡。

悪意はなかった稀代の悪女マリー・アントワネット。

国民の4割近くの人数を粛清したポル・ポト――。

などなど、洋の東西、そして時代をも超えたこれら〝黒偉人〟たちの生き様を、たっぷりとご堪能いただきたい。

歴史を翻弄した黒偉人 目次

第5章 黒い政治家

第１章
黒い独裁者

アドルフ・ヒトラー
イディ・アミン
毛沢東
イヴァン４世
ネロ
西太后

No.1 世界で一番有名な独裁者

アドルフ・ヒトラー

1889-1945
ドイツ

恐るべき「ホロコースト」

独裁者と言えば、誰もが真っ先にある人物の名を挙げるだろう。その人物とは、ナチス・ドイツの総統、アドルフ・ヒトラーである。

ヒトラーが行った最も有名な大虐殺は**「ホロコースト」**であり、ヒトラー率いるナチス・ドイツによって虐殺されたユダヤ人はおよそ６００万人。

また、ユダヤ人以外にもシンティ・ロマ（ジプシー）と呼ばれる民族や戦争捕虜、知的障害者、精神病者、同性愛者、共産主義者なども殺害されたとされ、その数は、実に**１０００万人以上**にも上ると言われている。

ホロコーストを行った根拠は「アーリア人至上主義」だ。ここでのアーリア人とは「インド・ヨーロッパ語族」のことを指し、特に、ドイツ人が最も純粋なアーリア人の血を受け継いでいるとした。ヒトラーは、この「ドイツ人こそが世界に冠たる民族だ」という考えを大いに利用したのである。

第一次世界大戦で敗れたドイツには、1919年のベルサイユ条約により、植民地の放棄のみならず、ドイツ民族が住む地域の周辺国家への割譲、軍備の極端な制限、そして賠償金の支払いが課せられた。

賠償金は莫大で、戦争で壊滅的な損害を被っていたドイツ経済は混乱をきたし、そのうえ支払いが滞ると、フランス軍がドイツ屈指の工業地帯であるルール地方へ進駐してきた。これにより、ルールの全工場が操業を停止し、記録的なインフレが人々の生活を襲い、さらに、1929年の世界恐慌が追い討ちをかける。

企業の倒産が相次ぎ、300万人もの失業者が街に溢れたが、そのような状態に陥っても、ドイツ政府は有効な対策を打ち出すことができなかった。

このことがナチスを台頭させ、ヒトラーを総統にまつりあげる原因となった。そして、一度は屈辱にまみれ、自信をなくしたドイツ国民を奮い立たせるべく、「ドイツ人は優れている」という考えを広め、下級だとされたユダヤ人などを排斥したのである。

「ガス殺」の考案

1933年、ナチスがドイツの政権を握ると、すぐに国内に住む52万人のユダヤ人迫害

商品を略奪されたうえ、店を破壊された、ミュンヘンのユダヤ人の商店。(©inconnu and licensed for reuse under this Creative Commons Licence)

が始まった。

公務員や弁護士といった公職からの追放、あるいは医療や文化、マスコミ、農業からの締め出しである。

そして１９３５年、ニュルンベルク法（ドイツ人の血と尊厳の保護のための法律）が制定されると、迫害は勢いを増す。

８分の１までの混血がユダヤ人と規定され、企業経営は禁止。市民としての公民権も否定されてしまう。そんな中で起きた暴動事件が「水晶の夜事件」である。

１９３８年、パリにいた1人のユダヤ人青年が、世界中にユダヤ人の窮状を訴えようとしてドイツ大使館員を暗殺する。これに憤った反ユダヤ主義者たちが、ドイツ各地でユダヤ人の住宅や商店、集会所（シナゴーグ）などを破壊した。

さらに略奪行為も行われ、96人のユダヤ人が死亡。これに端を発し、ますますユダヤ人への迫害は強まっていった。

１９３９年９月、ドイツ軍がポーランドに侵攻し、第二次世界大戦が始まる。この直後からユダヤ人はゲットー（ユダヤ人街）に隔離され、劣悪な環境の中で飢えと病気に苦しみ、多くの人が命を落とした。

また、銃撃による大量殺戮も行われ、1941年に占領されたウクライナの首都・キエフ近郊のバビ・ヤールでは、移住目的で集められた約3万700人のユダヤ人市民が、2日間かけて射殺されている。

ただナチスは、バビ・ヤールの大量虐殺以前から、**より効率よく、しかも低コストで大量にユダヤ人を殺せる方法を模索**しており、その回答として考案されたのが、「ガスによる殺害」だった。

1940年ごろ、ナチスはユダヤ人を東方の占領地域へ追放する予定だった。しかし、対ソ連戦の行き詰まりから作戦を変更。殺害を決定する。

これは「ラインハルト作戦」と呼ばれ、1941年9月、アウシュヴィッツ第一収容所にてソ連兵捕虜に対する最初のガス殺が行われ、その後、アウシュヴィッツのような、ガス室を備えた強制収容所（絶滅収容所）が次々に開設されることになる。

この「ラインハルト作戦」以外にも大虐殺は行われており、その1つが「T4作戦」だ。これは、ドイツ国民の「遺伝的健全性」を守ることが目的で、身体障害者や精神障害者を根絶すべく実施された。

各地の病院や養護施設から集められた障害者たちをバスに乗せて施設へ運び、車の排気ガスで殺害。**20万人以上が犠牲になった**と言われ、後にこの方法は「ガス・トラック」として、ガス室の設備がなかったヘウムノ強制収容所で活用されることになる。

ヘウムノ強制収容所に設置されていた「ガス・トラック」。

ミュンヘン一揆をきっかけに出世

このようにユダヤ人たちを大量虐殺するなど、その権力を大いに振るったヒトラーであるが、そんな彼にも、国のトップに上り詰めるまでには紆余曲折があった。

青年時代のヒトラーは、芸術家を志しながらも働く意欲を見せず、浮浪者収容所に入ったり、公営の独身者寄宿舎に住んだりしながら孤児恩給で暮らしていた。

その後、１９１４年の第一次世界大戦勃発で陸軍に入隊するも階級は兵長止まり。続いて、30歳のときに小さな極右政党に参加するが、ここでもさほど目立つ存在とは言えなかった。

そんなヒトラーが思い切った行動に出たのは、１９２３年のミュンヘン一揆でのことだ。

国家社会主義ドイツ労働者党（ナチス）の党首となっていたヒトラーは、バイエルン州政府主催の集会が開かれていたミュンヘン郊外のビヤホールに突入し、中央政府打倒を訴えたのである。

この騒ぎで一旦は逮捕されるものの、ヒトラーとナチスの名はドイツ中に知れわたることとなる。加えて、彼の唱える「ドイツ民族の復興」「ベルサイユ条約の破棄」「すべてのドイツ人に職とパンを」などといった分かりやすいスローガンは、民衆に大きな人気を博した。そして迎えた1930年の国会議員選挙の日、ナチスは107議席を獲得した。さらに、1932年の選挙においては230議席を獲得し、ついに第1党となる。

翌年の1933年、首相に就任したヒトラーは、それからわずか2日後に議会を解散し、総選挙を実施した。ここでナチスは過半数に迫る288議席を獲得し、このとき、ヒトラーに独裁権を与える「全権委任法」が可決。

そして1934年、大統領だったヒンデンブルクが死去すると、ヒトラーは首相の権限のみならず、大統領の権限も併せ持つようになったのである。

人々に認められた独裁者

貧乏暮らしの身から弱小政党の党首となり、国家の頂点にまで上り詰めたヒトラーは、ミュンヘン一揆でこそ武力で政府転覆を狙ったものの、その後はすべて**正当な選挙と議会**

EXTRA THE STARS AND STRIPES EXTRA

HITLER DEAD

Fuehrer Fell at CP, German Radio Says; Doenitz at Helm, Vows War Will Continue

Churchill Hints Peace Is at Hand

ヒトラーの死を大きく報じた、アメリカの新聞。

の議決を経て権力を掌握していった。

実際、ヒトラーが首相と大統領の職務を兼ねる「ドイツ国家元首法」が閣議で成立したときにも国民投票が行われているが、その際には投票総数の約90%が賛成という圧倒的な数字を獲得している。すなわち、当時のドイツ国民の多くは、ヒトラーの独裁を認めていたのである。

さらに、ヒトラーの率いるドイツ軍が領土拡大に奔走しても、宥和政策を採ったイギリスやフランスなどはこれを容認している。

その後、1939年にポーランドへ侵攻し、二度目の世界大戦が始まるまで、誰もヒトラーの狂走を止めることはなかった。

つまり、こうした周囲の容認が、1000万人もの人々が虐殺される結果を招く一因となったとも言えるのである。

そんなヒトラーは、戦局の悪化から自身の終末を悟り、1945年4月30日、ベルリンの地下壕で自殺する。56歳だった。

それから約1週間後、ドイツは無条件降伏に調印する。アドルフ・ヒトラーという稀代の独裁者と共に、ナチス・ドイツの時代が終わった瞬間だった。

写真引用元：「アミン大統領」

No.2

ウガンダの「人食い大統領」

イディ・アミン

1925?-2003
ウガンダ

軍隊時代に「拷問係」を経験

１９７１年から１９７９年まで、ウガンダ共和国で独裁政治を行った大統領が、イディ・アミンだ。

彼につけられた異名は数多く「人食い」「黒いヒトラー」あるいは「アフリカで最も血にまみれた独裁者」などとも呼ばれた。

しかも、ヒトラーやスターリンなど、他の独裁者とは違い、その**殺戮と拷問の多くは政治目的ではなく、個人的感情に任せたものだった**という。

そんなアミンが「暴力と拷問は国を治めるのに必要不可欠な行為である」という思いを抱いたのは、彼が軍隊にいたことと密接な関係がある。

１９４６年、アミンは軍隊に入隊したが、当初は白人兵たち（当時ウガンダはイギリスの植民地だった）にこき使われる屈辱の日々を送っていた。

しかしある日、軍のボクシング大会で、その白人兵たちに連戦連勝したことで、「暴力は有意義である」というポリシーが根づくこととなる。

また、1952年、ケニアで起こった民族独立運動「マウマウ団の乱」の鎮圧の際には、ウガンダ人民連合総裁であったミルトン・オボテから捕虜を自白させる役目を与えられ、アミンはその残虐性を開花させる。

このときアミンは、捕虜を四肢切断してロープで吊るし上げる、耳を削ぐ、石油をかけて体に火をつけるなどといった**様々な拷問法を覚え、積極的にこなした**という。

これら「暴力にはそれ以上の暴力をもって処す」という軍隊での経験が、その後、アミンが独裁者となる礎を築いたのは間違いなさそうだ。

波紋を呼んだ「人肉は塩辛い」

1971年、イギリス政府の後押しもあり、当時社会主義国家を目指していたミルトン・オボテをクーデターにより失脚させ、アミンはウガンダの大統領となる。そして彼は「ヒトラーを尊敬する」と吹聴し、やりたい放題の政治を始めたのである。

アミンは、政治を動かす知識や能力をまったく持ち合わせていなかった。彼にあったのは少しのカリスマ性と多大な野心。そして、コンプレックスのみ。しかも始末の悪いことに、その中で最も彼を突き動かす原動力となったのがコンプレックスだったのである。

アミンは、軍事や司法に関わる役職に就く重要な人物たちを「エリートを生かしておくと自分の地位が危ういから」と殺していった。

おかげで、アミン政権時代のウガンダでは、名門大学出のエリートが政府の要職に就くことはほとんどなく、政権末期には、**政治に興味のないタクシードライバーなどが閣僚に名を連ねる有様**だった。

加えて、彼は政策面においてもひどかった。70年代前半、ウガンダの経済活動を握っていたアジア系移民たちを「他国からきた民族が金持ちや高学歴なのが嫌だ」と国外追放するなど、自身の好き嫌いで、大勢の人々を排除していったのである。

このような人物が政権を握っていれば、当然ながら国は激しい不景気となる。しかしアミンは「不景気なら貨幣をもっと造ればいい」と、耳を貸さなかったという。

また、アミンは問題発言も多く、あるとき**「人肉は塩辛い」**という発言で世界中を驚かせた。

さらにこれには尾ひれがつき、「アミンの家の冷蔵庫には殺した政敵の首や肉が冷やしてあり、それを食べている」という噂まで広まった。

これが、アミンに「人食い大統領」なる異名がついた理由だが、この発言は冗談だという説が強く、実のところ、アミンは菜食主義者で肉は鶏肉を食べる程度だったそうだ。

とはいえ、この一件からも、一国を背負う政治家としては、アミンはあまりにも軽はずみな性格だということが見て取れるだろう。

「ウガンダの虐殺」

人肉を食べていたのは嘘だとしても、アミンが政権を追われるまでの8年間に行った蛮行の数々は、「人を食べる」行為を凌駕するほど恐ろしいものだった。そしてそれは「ウガンダの虐殺」と呼ばれ、歴史に大きな爪痕を残している。

まず、アミンは就任してすぐに前大統領のオボテの支持者を約3000人処刑した。参謀長だったムハマドは、ライフルの銃底で下腹部と性器を滅多打ちにされ、首を切断されている。

その後も、アミンに異議を唱える者はマッキンディエ刑務所に収容され、アミン自らが考案した数々の拷問を受け、次々となぶり殺されていく。

釘の打ち込まれた床の上を裸足で歩かせる、囚人同士で殺し合いをさせる、死んだ囚人の肉を同じ房にいた囚人に食べさせる、処刑し首を切断した胴体をナイル川に投げ入れワニに餌として与える……など、もはや人間を人間扱いしていなかったとさえ言えるほどだ。

さらにアミンは、裏切り行為があれば身内であっても手加減しなかった。

彼の子供を許可なく中絶したケイ夫人は、すでに離婚していたにもかかわらず、中絶した医師と共に殺され、**その死体の両手両足を切断された後、左右逆になるように縫いつけられ、「私を裏切ればこうなる」と見せしめにされた**という。

アミンのこうした無茶な独裁政治に国民が我慢できるはずもなく、1979年、UNL

Ｆ（ウガンダ国民解放戦線）によるクーデターが起こり、アミン政権に終止符が打たれた。国を追われたアミンはサウジアラビアへ亡命し、２００３年、多臓器不全によりこの世を去った。残虐の限りを尽くした割には、かなり恵まれた余生だったと言えるだろう。

大きな子供

ここまで述べてきた通り、アミンという人物は残虐な殺戮を多々行ったことは事実だが、彼が根っからの冷酷な独裁者だったかと言えば、決してそうではなかったようだ。

あるパーティにおいて、白人の担ぐ神輿に乗って登場したアミン。こうした行動からも、彼の白人に対するコンプレックス、あるいは子供っぽさがうかがえる。（写真引用元：「アミン大統領」）

アミンは単純かつ猪突猛進タイプではあったものの、機嫌が良いときには子供のような笑顔を見せ、人を惹きつける朗らかさや話術も持ち合わせていたという。

実際、彼が大統領に就任した初期は、国民の多くが前任のオボテを憎んでいたこともあり、人気は高かったほどである。

だが、ガキ大将がそのまま大きくなったようなアミンは、政治的理想や国の再建を追求するよりも、自身の偉大さを誇示するのに必死で、権力を脅かす敵を消すことに躍起になってしまったのである。

「あなたは子供だ。だからこそ怖い」

これは、アミンを題材にした映画「ラストキング・オブ・スコットランド」で、スコットランド人医師がアミンに対して呟くセリフだが、この一言が、アミンの性格のすべてを物語っていると言ってもいいだろう。無邪気さと凶暴性は、表裏一体なのだ。

アミンが権力を握った後に行った虐殺の数々は、「殺さなければ殺される。弱みを見せればつけこまれる」といった恐怖心がエスカレートした結果であり、彼にとって虐殺とは、自分の立場を守るための究極の護身法だったのかもしれない。

ともあれ、腕白坊主のようなアミンという人物をトップにまつり上げ、強い権限を与えてしまったことが、ウガンダで起きた悲劇の原因だったと言えるだろう。

なお余談だが、実はアミンの失脚直前、**アミンVSアントニオ猪木**の異業種格闘試合を日本の某会社が提案し、アミン側も受諾。契約まで済ませていたという仰天の逸話がある。

しかし、試合の1ヶ月前にウガンダでクーデターが起こったため、アミンはサウジアラビアに亡命した。従って試合が実現することはなかったが、苦しんでいたウガンダ国民の目には、アミン大統領も、企画を提案した日本という国も、とてつもなく不謹慎に映ったことであろう。

No.3

20世紀で最大の成功を収めた赤い独裁者

毛沢東

1893-1976
中国

中華人民共和国を建国

長い人類の歴史においては、多くの独裁者が現れては消えていく。

そんな中、**20世紀の独裁者のうちで最も成功した**と言えるのが、今も栄光の中にいる中国の父・毛沢東だ。

１９１１年に起きた辛亥革命で清朝が倒れた後、中国は２つの勢力に別れ、戦乱の日々が続いていた。中国を分断していたのは国民党と共産党であり、国民党は蒋介石《しょうかいせき》を総裁とした、軍閥や資本家を支持層とする組織で、共産党は文字通り共産主義者や農民、労働者が中心となって結成された組織だ。

そして、この共産党を率いた指導者こそが毛沢東だった。

毛沢東は１８９３年、中華民国湖南省の地主の家で誕生した。16歳のころに家出し、軍人や教師

中華人民共和国の建国宣言を読み上げる毛沢東。

などの職業を経験した後、1921年に中国共産党の書記となる。そして1927年に武力による革命実現へ向けて暴動を起こし、国民党相手に戦いを挑んだ。

だが、こうした内戦の日々に、突然終止符が打たれる。日本が中国を侵攻したためだ。日本という共通の敵の出現により、国民党と共産党は一旦和解。共同戦線を張ることになる。

しかしその後、1945年に日本が太平洋戦争で敗れると、内戦は再開。この際、ソ連の支援を受けた毛沢東は、国民党の台湾への追い出しに成功する。

1949年、中国を制した毛沢東は、天安門で中華人民共和国の建国を宣言する。国家主席はもちろん毛沢東自身だ。

だが、ソ連をモデルとした共産主義化を進めていったことと、特権階級を廃止したことから、多くの知識層や元資本家たちから批判の嵐を受けた。

こうした事態に対し、毛沢東は独裁者の常套手段である粛清を決行する。

そして、自分を批判するあらゆる勢力を何年もかけて排斥していった結果、**最低でも50万人もの人間が犠牲になった**とされる。

その結果、毛沢東に反対する者はいなくなった。中国が完全に彼の手に落ちた瞬間である。

稚拙過ぎる政策

名実共に中国を支配した毛沢東がまず行ったのは、富国改革だった。長い内戦や対日戦争が原因で国力は衰退しており、食糧不足も深刻化。毛沢東は、一刻も早く国を立て直す必要に迫られていたのだ。

そして1958年、反対者をすべて粛清した毛沢東は、「イギリスに追いつけ！」をスローガン（当時、イギリスは世界第2位の経済大国だった）にして、後に「大躍進政策」と呼ばれる計画を実行に移す。しかし、その計画の内容はあまりにも単純で、稚拙だった。

毛沢東は手始めに、都市部に住む人々を強制的に農村部へ移住させた。農作物、あるいは不足気味だった鉄を作らせるためだ。

しかし、農業は相変わらずの手作業で、また、害獣が作物を食べるから困ると聞けば、その害獣をすべて駆除して生態系のバランスを崩壊させるなど、農村の常識にそぐわない布告を次々と発令する。

結果として、農村では記録的な不作が相次ぐ。国民のほとんどを農民にしたにもかかわらずだ。

さらに、手つかずの都市部でも鉄の確保のために建物を次々と打ち壊し、金属製の家具までも強制徴収。それでも足りなければ、今度は寺院や歴史的建造物さえも躊躇なく解体した。

「大躍進政策」が行われた当時、農村部では製鉄のための炉が設けられたが（写真）、原材料もろくに確保できず、作業を行うのも素人同然の農民という悪条件のため、生産される鉄の大半は粗悪なものであった。

そんなことを続けていても、国が良くなるはずもなく、国土はますます荒廃し、餓死者も右肩上がりに急増する。民衆は木の根や草の葉まで食べ尽くし、最終的には、とある肉が兎肉として裏市場に出回る事態となる。その正体は、**人間の赤ん坊の肉**だ。

この稚拙な政策により、**餓死した人数は最低でも約1500万人**。さすがの毛沢東も自身の非を認めざるを得ない状況に陥り、1962年、毛沢東は国家主席を辞任する形で責任を取ることになった。

しかし、彼の野望はここで終わらなかった。復活への布石は、すでに中国全土へ放たれていたのだ。

狂信者たちの暴走「文化大革命」

事件は、1960年に北京市副市長が書いた演劇「海瑞《かいずい》罷《ひ》官《かん》」の上演から始まった。

そのときは何のトラブルもなく終わったのだが、それから5年後の1965年、「あの劇は毛沢東を遠回しに批判するために作られた劇であり、プロレタリア独裁と社会主義に反対するものだ」という批評が新聞で発表され、副市長の上司である党の役員は失脚する。

そして、その翌年になると大学の壁にも反革命批判の新聞が張り出され、それに触発された学生たちは一斉蜂起し、暴徒と化した。

この騒動を裏で操っていたのは、やはり毛沢東だった。彼は失脚する以前から著書を出版したり、あるいは軍を使った宣伝活動をしたりと、自身の神格化を進めていたのである。

その策略が功を奏し、毛沢東を心から慕う多くの若者が、建国を宣言した天安門広場へと詰めかけた。そこで毛沢東は、再び人々の前に姿を現す。

そして、自分たちを「紅衛兵《こうえいへい》」と名乗る若者たちの前で「四旧打破」、つまり「古い習慣、文化、風俗、思想を徹底的に破壊すべし」と話し、これで暴徒たちの気炎はさらに上がってしまう。

敬愛する指導者に鼓舞された紅衛兵はすぐさま行動を開始した。その標的となったのは、資本主義者と毛沢東を批判する政敵たちだった。彼らはすぐさま紅衛兵に捕らえられ、**徹底した迫害と拷問を受けて次々と殺されていった**。

紅衛兵の行動はさらにエスカレートし、殺害対象は知識人に教師、そして少しでも贅沢をしたと噂された者にまで広がり、彼らは片っ端から殺されてしまった。

加えて、四旧打破の名のもと、各地の歴史的文化財や建物までもが、暴徒たちの犠牲となっ

「毛沢東語録」を掲げる紅衛兵たち。（写真引用元：「ドキュメント現代史16　文化大革命」）

ていく。

「文化大革命」と呼ばれるこの凄惨な破壊劇によって殺された人の数は、驚くべきことに**2000万～3000万人という説もある**ほどで、歴史遺産への被害に関しても、目も当てられない状況だった。

ちなみに、毛沢東が紅衛兵に農村への帰還を命じた際、中国は無数の屍と建物の残骸に埋め尽くされていたと言われている。

現代に息づく毛沢東の遺伝子

「文化大革命」で数え切れないほどの犠牲を出し、毛沢東は再び支配者の座に君臨した。

だが、資本主義を憎み、国民に質素倹約を強制した毛沢東の私生活は贅沢で、わがまま極まりないものだったらしい。

ベッドはおろか、箸までも特注品で統一。気に入らなければすぐに代わりのものを作らせた。また、うるさくて眠れないという理由で北京中のスズメの駆逐を命じたこともあるという。

そのうえ、食事の際は新鮮な魚を調達させて贅沢な料理に舌鼓を打ち、全国各地に室内プールや庭園のある豪華な別荘を建てて外遊を楽しんでいた。民衆が飢えや流血に苦しんでいるにもかかわらずだ。

そんな毛沢東も、1972年にアメリカとの和解を目指し、日本との国交を正常化させた後、筋萎縮性側索硬化症を患い1976年に没。82歳だった。

とはいえ、毛沢東が故人となってからも、その遺産は未だに世界中に息づいている。それが**「毛沢東思想」（マオイズム）**だ。

農業を重視し、階級を廃止して完全なる平等世界を目指すという「中国化したマルクス主義」に影響され、紅衛兵は毛沢東亡き後も破壊劇を繰り広げた。

21世紀になった現在でもこの思想の信奉者は多く、王室を廃したネパール共産党毛沢東主義派のように、他国民を動かした例もあり、さらにその他のアジア、あるいはアフリカや南米の反政府組織の中にも、毛沢東思想をイデオロギーとして活動を行う団体がある。

そして近年、中国は市場経済の採用に伴い、世界第2位の経済大国まで発展した。結果だけを見れば、毛沢東の目指した「大躍進政策」が長い時間をかけて実現されたと言えなくもない。

そして、リーマンショックなど通じて資本主義の脆弱さが見えてきている現在、毛沢東主義が見直される可能性も否定はできないのである。

No.4

不幸な環境が生んだ「雷帝」

イヴァン4世

1530-1584
ロシア

不幸せな少年時代

１５３３年から１５８４年にかけて、リューリク朝モスクワ大公国のツァーリ（君主）として君臨したイヴァン４世。通称**「イヴァン雷帝」**と呼ばれた彼は、その名の通り、雷のような荒々しさと残虐性で歴史にどす黒く名を刻んでいる。

その一方で、政治家としてのイヴァンの評価は意外なほど高い。

祖父・イヴァン３世が築いたモスクワ大公国の支配地を、シベリア進出などによってさらに広げた功績から、「強国ロシア」の礎を作った英雄と称える研究者もいるほどだ。

とはいえ、イヴァンが実践した殺戮と拷問はやはりあまりにも残酷で、それにより「悪の皇帝」というイメージのほうが強くなってしまったのだ。

そんな彼の禍々しい性質を育てる肥料となった

のが、幼児期・少年期の環境である。

イヴァンの父親であるヴァシリー3世は原因不明の奇病で死ぬのだが、後継者のイヴァンがまだ3歳だったことから、王位を狙う大貴族の権力争いが激化する。

さらに、唯一彼を守ってくれた母も大貴族の陰謀により毒殺され、わずか8歳にしてイヴァンを擁護してくれる者は誰もいなくなってしまった。

透明人間のように無視、放置される日々。時には食事さえ忘れられることもあった。まるで、現代で言うところの「ネグレクト」のような状態である。

こうした醜い欲望と冷遇に囲まれて育ったイヴァンが、生まれて初めて覚えた趣味が小動物への虐待だった。

彼は、高い塔の上から犬や猫を投げ落として楽しむという、歪んだ少年時代を過ごしたのである。

愛妻の死で蘇った猟奇性

しかし、17歳になったとき、イヴァンは初めて彼の粗暴で臆病な性格を理解し、優しく包んでくれる理想の女性・アナスタシアと出会い、2人は結婚する。

この最愛の伴侶に支えられ、イヴァンは国の発展のために奮闘し、そのかいもあって国

イヴァンの愛したアナスタシアの像。彼女の死により、再びイヴァンの猟奇的な性格が目覚めることとなった。

民はもちろん、海外の指導者からも「名君主」として崇められることとなった。

ところが、結婚から13年目にアナスタシアは原因不明の死を遂げてしまう。

そしてこのとき、「貴族より民衆の声を聞くべき」とイヴァンに進言していたアナスタシアは、それを疎ましく思う貴族に毒を盛られて殺されたのだという噂が、まことしやかに宮殿を駆け巡った。

このアナスタシアの死が、イヴァンを変貌させた。

すでに述べたように、イヴァンは幼少時から、貴族の嫌な面ばかりを見てきている。それに加えて、この愛妻の毒殺疑惑だ。

このことは、少年時代に培った彼の猟奇的な性格を再び目覚めさせ、貴族へと向かわせるには十分過ぎるきっかけとなった。

イヴァンはアナスタシアを敵視していた貴族を、家族や親戚なども含めて拷問のうえ処刑した。さらに、その後もこれらの者の土地を強引に取り上げるなど、**彼の「貴族弾圧」は一生続くこととなる。**

町を丸ごと罰する

アナスタシア殺害容疑で見境なく貴族を処分したことにより、再び残虐性に目覚めたイヴァン。彼は「次なる血」を求め、さらなる大規模な殺戮や拷問を実施するための親衛隊組織を結成した。

彼らは殺人、拷問、略奪、放火と好き放題に暴れ回り、イヴァンが敵視する貴族はもちろん、何の罪もない民衆をも恐怖のどん底に陥れた。

だが、人々をどれだけ殺してもイヴァンの心が満たされることはない。そんな中、彼はとうとう**「町全体を罰する」**という恐ろしい計画を思いつく。

タイミングの悪いことに、ちょうどそのころ「モスクワ北方の都市・ノヴゴロドの住民たちが謀反を起こし、敵対するポーランドに寝返ろうとしている」というデマが流れた。

こうして、ノヴゴロドの町は、イヴァンの殺人欲を発散するための格好の標的となってしまったのである。

１５６９年、ノヴゴロドの住民に対する虐殺と拷問は、非常に凄惨な方法で行われた。性器を切断される者、舌を力まかせに引き抜かれる者、鼻や耳を削がれる者、火でジワジワと焼かれる者……。

おびただしい数の遺体がヴォルフ河に無造作に捨てられ、下流にあるラドガ湖には、流れ着いた遺体が何層にも積み重なっていたという。

この虐殺で殺されたノヴゴロドの住民は6万人にも上ると言われ、これは町の全住民の、実に4分の3にあたる数字である。

クレムリン広場での殺戮ショー

ノヴゴロドの虐殺後、完全に自制心をなくしたイヴァンは、「ノヴゴロド事件に関与した人間を裁く」という名目で、告発された者をろくに調べることもせず捕らえさせた。そして、これらの囚人に対して、**ショーのような公開処刑**をすることを思いつく。

こうして、クレムリン広場には17の処刑台、人の背丈ほどもあるフライパン、串刺し用の尖った棒など、拷問や処刑の道具が並べられ、さらに観客として、多くの人々が集められた。

イヴァンの掛け声と共に、囚人たちはあらゆる拷問でジワジワとなぶり殺されていく。

火薬の樽の上に座らせ爆発させる、大鍋で弱火で煮る、飢えた巨大熊をけしかけるなどのおぞましい方法が用いられ、4時間あまりにわたって殺戮ショーは続いた。時には、イヴァン自身が馬に乗って1人の老人を追いかけ、鉄の棒で突き殺したりもしたという。

しかも恐ろしいことに、初めは不安と恐怖で目をそらしていた民衆までも、イヴァンにつられて興奮し、最終的には見世物小屋を見るような好奇の目で、ショーを「観賞」したという。

息子を自らの手で殺す

　こうしたイヴァンのサディスティックな性格の大きな特徴の1つとして、「発作的に怒りを覚え、我を忘れて暴力を振るう」というものがあり、食事中、隣にいた将軍の片耳をいきなりナイフで切り落としたというエピソードも残っている。

　そしてこの悪癖により、イヴァンの大切な一人息子の命が奪われることとなる。

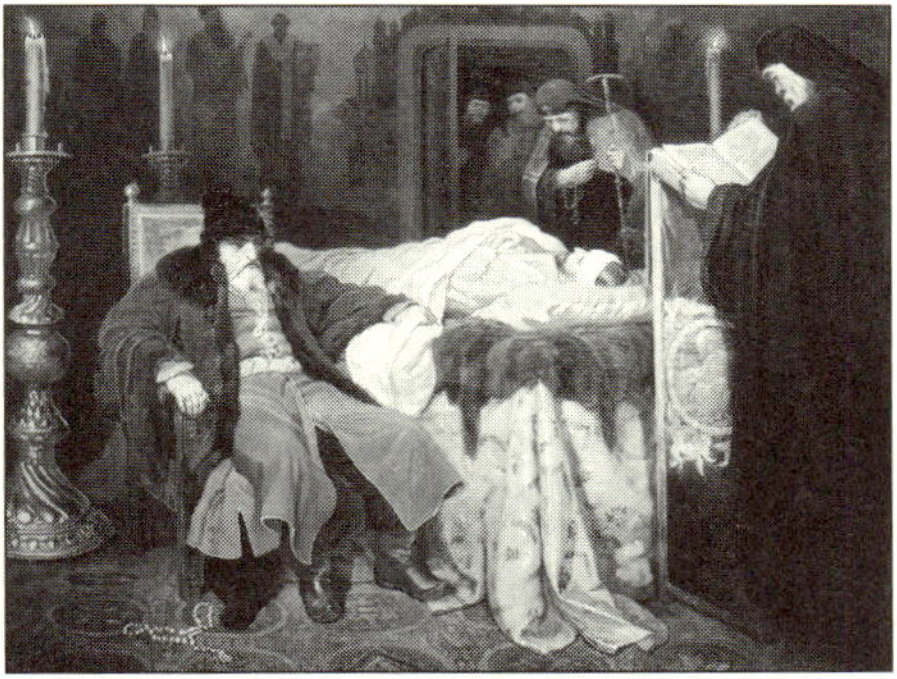

自らの手で殺めた息子の遺体の横に座るイヴァンの様子を描いた絵。

　アナスタシアとの間に生まれたこの息子は、イヴァンと共に拷問を楽しむような立派なサディストに成長し、イヴァンは自分とそっくりの性格を持つ彼のことを溺愛していた。

　ところがある日、イヴァンは「妊娠中に薄着をしている」という理由で息子の妻を殴り、これがもとで彼女は流産してしまう。

　当然ながら息子は怒り、イヴァンの行動を罵った。ところが逆に、イヴァンは息子の罵りに激昂し、持ち歩いていた鉄鉤つきの棍棒で、発作的に息子の全身をメッタ打ちにしてしまう。

そしてイヴァンが正気に戻ったときには、こめかみを割られた息子は、すでに絶命してしまった後だった。

多く人々の命を奪ってきたイヴァンだが、最愛の息子を殺してしまったことはさすがにこたえたようで、この日から悪夢に襲われ続け、急速に老けていったという。

そしてイヴァン自身は、チェスの最中に意識をなくし、そのままあっけなく死んでしまうのだが、晩年に作成した遺言状には、行ってきた殺戮を後悔する言葉が残されていた。

ここまで述べてきた通り、確かにイヴァンは残虐な人物であり、彼がしてきた行為は決して許されないものだろう。

ただ、そんな彼の人格を作り上げたのは、ある意味、当時のロシアという時代そのものだったとも言える。

歴史に「もしも」を問うのは空しいことであるが、もしも彼が、醜い貴族の争いに巻き込まれることのない、幸せな少年時代を送っていたら。そして、もしもアナスタシアが変死しなかったら――それを考えると、残念でならない。

No.5

色を好み芸術を愛した暴君

ネロ

37-68

ローマ帝国

実母を暗殺する

紀元前のヨーロッパに誕生した巨大国家・ローマ帝国。数百年に及ぶその歴史の中で、何人もの皇帝が誕生してきたが、中でも第５代皇帝・ネロの名は特に有名だ。

ただ、彼が有名なのは英雄だからではなく、帝国を暴力と恐怖で支配した、**歴代最悪の皇帝**であったからだ。その悪逆非道ゆえ、当時の民衆からはもとより、およそ２０００年が経った現在でも「暴君」と呼ばれ恐れられている。

とはいえ、ネロは最初から暴君だったというわけではなかった。事実、彼が皇帝となってからの５年間は、ローマ帝国の全盛期と呼ばれるほどの栄華を極めており、ネロは名君として人々に敬われていたのである。

それが狂い出したのは、母親を自らの手で殺害してからだった。

ネロの母・小アグリッピナは彼の皇帝就任に尽力した立役者であり、彼女は、息子が皇帝となることを心から望んでいた。

そのため、小アグリッピナは第4代皇帝・クラウディスをたぶらかして再婚し、王妃となるとクラウディスを毒殺し、続いてライバルも次々と殺害、追放した。

このような母の動きのかいあって、ネロは、紀元54年に17歳という若さで皇帝となったのである。

しかしその後、ネロは何かと口を挟んでくる母の存在をうっとうしく感じるようになり、就任から5年後の59年、**実の母親である小アグリッピナを暗殺**する。そして、ここからネロは狂い始めた。

62年には妻のオクタウィアを殺害し、さらには親友オトの妻であったポッパエアをオトと離婚させたうえで2番目の妻にする。ちなみにこの際、オトは地方のルシタニアに左遷させられている。

さらに65年、師匠と敬い、自分を何度も助けてくれた相談役の哲学者・セネカに反逆者の汚名を着せて抹殺。相談役として大きな力を持っていた彼を殺したことで、ネロは政治を完全に手中に収めたのだった。

キリスト教徒の大粛清

現在でこそ世界中に広まり、多数の信者を擁するキリスト教だが、ローマ帝国が存在した当時は、弾圧の対象だった。その先駆けとなったのが、ネロが行ったキリスト教徒の大粛清である。

きっかけは、64年に起きたローマ大火災だった。この火事でローマ市内は大半が焼失し、数え切れないほどの死傷者を出してしまう。そんな中、ネロは自ら救助を指揮し、被害拡大を防ぎ、多くの被災者を救ったと言われている。

ただ、このローマ大火災の裏には重大な疑惑がある。それは、**火災がネロの自作自演**なのではないかというものだ。

というのも、ネロはローマ大火災が一段落した後に、被災地に巨大な黄金宮殿「ドムス・アウレア」を建設したのだが、その敷地面積は広大で、いくつかの区画を潰さないと建てられないほどの大きさだったのである。

つまり、宮殿建設の敷地確保のためにネロは自ら火を放った。そして、ネロの動きが早かったのは、火災が起こることを事前に知っていたからだというのだ。

実は、この噂は当時から流れていたもので、平素からのネロの非道もあり、かなりの数の民衆に信じられていた。

ネロによって火炙りに処せられるキリスト教徒たち（右側）の様子を描いた絵。

ネロはこれに対し、真犯人を仕立て上げることで事態の沈静化を図る。その生贄となったのが、当時の新興宗教であるキリスト教だったというわけだ。

こうして、犯人と決めつけられたキリスト教徒たちは次々と捕らえられ、放火犯の汚名を着せられ処刑された。それもただ殺されたのではない。まるで見せ物であるかのように、徹底的になぶり殺されたのである。

キリスト教徒たちは形だけの裁判の後に競技場へ連行され、民衆たちの目の前で公開処刑されることとなった。

ある者は獣の皮を被せられ、野犬の群れに放り込まれ食い殺された。ある者は十字架に磔にされて処刑された。またある者は、柱に括りつけられ火を放たれた。

一方、ネロはこれらを、**戦車に乗って笑いながら見物していた**という。

民衆たちはこの残虐な大粛清に直面し、改めてネロの恐ろしさを知ったのである。

政治よりも色と芸

セネカをはじめとする元老院議員の多くを殺し、名実共にローマの頂点に立ったネロは、次第に快楽におぼれ、欲望のままに振る舞うようになっていった。親友の妻を寝取ったこともあるネロだったが、彼は男に対しても興味を持っていたようだ。

65年、ネロの妻であるポッパエアが急死してしまう。死因は、癇癪を起こしたネロが懐妊中の彼女の腹を蹴り上げたからだと言われている。

妻が死ぬと、彼は美少年の奴隷・スポルスに目をつけた。そしてネロは、ポッパエアによく似ていたとされる彼に去勢させると、なんと**正式に結婚して自身の妃にしてしまった**のである。

さらにネロはこれに飽き足らず、解放奴隷のピュタゴラス（ドリュポルスという説もある）とも結婚。ちなみに、こちらは**ネロ自身が女装して妻となっている**。

ところで、そんなネロの趣味は竪琴や歌だった。実は、彼は芸人になりたいという夢を持っていたのである。

そこでネロは「ネロ祭」という祭典を開き、本当に歌手として舞台に立ってしまう。だが、その実力はお粗末なもので、単なる下手の横好きでしかなかった。

それでも多くの民衆が会場に集められ、監視兵が目を光らせる中でネロの歌を聴かされ

ネロが贅沢の限りを尽くした黄金宮殿「ドムス・アウレア」の遺構。

た。歌の途中で席を立つことは許されない。

このように、芸人のまねごとまで行う皇帝に貴族は辟易し、さらに騎士でさえネロへの忠誠心を失っていく。その後もネロは、ドムス・アウレアで贅沢の限りを尽くし、芸術に夢中になり、ますます政治に関心を持たなくなっていった。そこには、皇帝の座に就任した当初の、かつての名君の姿はどこにもなかった。

最後まで期待を裏切る

暴君・ネロに対し、ついに反乱の嵐が巻き起こった。66年に勃発したユダヤ人の大反乱である。これは軍の働きでなんとか鎮圧できたものの、68年には属州のガリアでも反乱が起こってしまう。

それが終わると、今度はスペイン提督・ガルバが立ち上がる。これらの相次ぐ戦乱により食料の輸送は途絶え、ローマ国民の生活は一気に窮乏した。

そんな中、民衆のもとにある物資を積んだ船が到着した。人々は自分たちへの配給だと思い、これを心から喜んだ。

だが、それは食料などではなかった。船から運び出されたものは、ネロが競技場に敷き詰めようと思っていた砂だったのである。

この仕打ちにより、民衆の怒りは頂点に達した。その積もりに積もった怒りは元老院をも巻き込み、とうとうネロは国家の敵に認定されてしまったのである。

その後ネロは、少数の家臣と共にローマを脱出し、郊外の別荘に避難する。しかし、逃げ出した翌日には反乱軍に取り囲まれてしまった。

そして、虐げてきた者たちからの報復を恐れた彼は、自身の剣で喉を切り裂き、その30年の生涯を閉じたのである。

ネロの最期の言葉は**「見よ、世界は優れた芸術家を失うのだ！」**という、およそ皇帝らしからぬものだったという。

ちなみに、ネロは目を見開いたまま絶命しており、追っ手の兵士たちは思わず身震いしたそうだ。ローマ帝国随一の暴君は、死に顔でまで人々に恐怖を与えたのである。

No.6

野心に溢れた清王朝末期の「猛女」

西太后

1835-1908
中国

皇帝の側室に入る

清朝第9代皇帝・咸豊《かんぽう》帝の側室だった西太后。彼女は、拷問を好んだ残酷な女帝として真っ先に名が挙がる**「猛女」**であり、半世紀もの間、清王朝で権力を掌握した、したたかかつ冷酷な女性でもある。

そんな西太后は、18歳のときに皇帝の皇后や貴妃を決める「選秀女」の催しに参加する。これが彼女にとっての人生の転機となった。

西太后は「選秀女」に見事合格したが、その立場は「側室」だった。このとき皇后に選ばれたのが、後の東太后である。

こうして西太后は咸豊帝に仕えることとなったのだが、この咸豊帝は政治よりも女色やアヘン、芝居などに没頭する、いわゆる「ダメ帝」だった。そして彼は、遊びと暴飲暴食にふけった挙げ句、

31歳にして崩御する。

咸豊帝の死により、1861年、西太后の産んだ皇子が6歳にして後を継ぐことになる。同治帝《どうち》の誕生だ。

この幼い皇帝に代わり、西太后は東太后と共に「垂簾聴政《すいれんちょうせい》」を行うことになる。

垂簾聴政とは、文字通り同治帝の玉座の後ろに御簾を垂らし、その中に2人の皇后が座って指示を出すというものだった。

しかし実際のところ、政治に疎い東太后がほとんど口を出すことはなく、一方の西太后は政治的才能と野心を表していくこととなる。

嫁いびりが原因で息子が死亡

同治帝は、ヒステリックで口うるさい実の母親である西太后より、穏やかで優しい東太后を慕った。その結果、彼が成長して皇后を選択する際にも、西太后が推薦した女性でなく、東太后の推薦した女性を選んでしまう。

このような状態を西太后がおもしろく思うはずがない。当然ながら西太后と同治帝の妻（皇后）との仲は最悪となり、間に挟まれた同治帝は、気まずさから西太后と皇后を共に遠ざけるようになった。

その後、同治帝は気苦労を紛らそうと色街遊びにふけり、梅毒（天然痘という説もある）にかかってしまう。

そして、病気で体力がなくなっているところに、さらに西太后が皇后の髪の毛をつかんで殴りつける様子を見たことで、**同治帝は恐怖のあまりショック死したと言われている**。

自身の嫁いびりで息子を死なせてしまった西太后。普通なら反省しそうなものだが、彼女は反対で、さらに嫁いびりは激しさを増していった。

西太后は同治帝の死因について「皇后が閨房の不謹慎（激しいセックス）によって、帝の病気を急変させた」というデマを流し、皇后に全責任をなすりつけ、後継者を決める会議にも出席させなかった。

そしてその後、皇后は急逝してしまう。西太后のあまりの仕打ちに絶望し自殺した、あるいは西太后が「同治帝の死の責任を取って死ね」と、食事を制限して餓死させた、などと様々に言い伝えられているが、どちらの説を見ても、西太后の鬼姑ぶりが壮絶であったことは間違いなさそうだ。

東太后を懐柔する

１８７４年、同治帝の後を継いだのは、西太后の妹の子である光緒《こうしょ》帝だった。このとき

同治帝（右）と東太后。同治帝は西太后の辛辣な嫁いびりの結果ショック死したと言われ、また、東太后は西太后に毒殺されたという疑いがある。

光緒帝はまだ3歳。従って、同治帝のときと同じく西太后と東太后の2人が補佐する形で政務を代行する形が取られたが、むろんここでも実質的には西太后の一人舞台となる。

西太后のこうした自分勝手な態度に眉をひそめていた東太后は、ついに「切り札」を使おうとする。かつての夫・咸豊帝も西太后に危機感を抱いていたらしく、死ぬ間際に、西太后を制裁できる権力を授ける勅諭を東太后に残していたのである。

しかしある日、東太后は西太后に対し、この勅諭のことをポロリと話してしまう。

これにより、「自分より頭の悪い優しいだけの女」と見下していた東太后に危機感を覚えた西太后は、あの手この手で東太后の機嫌を取るようになり、東太后の具合が悪くなったときには、自身の太ももの肉片で作ったスープまで差し出すほどだった。

東太后はこうした西太后の振る舞いに感動し、結果、西太后の目の前で勅諭を燃やしてしまう。そしてその数日後、東太后は45歳で急死した。

この死の原因については、脳梗塞だとされてはいる

西太后の妹の子である光緒帝。彼は、古い伝統を改革すべく精力的に動いたが、結局、西太后の起こしたクーデターにより、監禁されてしまう。

ものの、あまりにタイミングが良過ぎるため、未だに、**西太后による毒殺説**が語られることもある。

光緒帝との争い

手段を選ばず権力にしがみついてきた西太后だが、光緒帝が17歳になると政権を彼に委ね、一度は表舞台から身を引く。

おそらく彼女は、光緒帝が自分を優遇し、助言を素直に聞いてくれると思い込んでいたのだろう。

しかし、光緒帝は野心と情熱に溢れた青年だった。外国文化や法律を積極的に取り入れ、古い伝統を変革しようと張り切ったのである。

そして、光緒帝率いる改革派にとって、いちいち口を出してくる西太后は、うっとうしい存在以外の何者でもなく、ついに彼女の幽閉計画を企てる。

ところが、先手を打ったのは西太后のほうだった。彼女はクーデターを起こし、逆に光緒帝を監禁してしまったのである。

この事件を境に再び政権を握った西太后は、「邪魔をする者、裏切る者は消していかないと自分の身が危うい」とより強く思ったのか、当時、中国大陸に進出を図っていた西欧列強国の排斥を目的とした結社「義和団」を奨励する。

さらに、外国人勢力を排除する政策を実施。外国人1人を殺せば、銀50両（約250万円）の賞金を与えた。そしてついに、1900年には列強国に対して宣戦布告する（義和団事件）。

これに対し、列強国は8ヶ国の連合軍（英・米・露・仏・独・オーストリア・伊・日）を編成して清を攻め、約2ヵ月後に北京は陥落。西太后は庶民に紛れて北京を脱出して逃亡する羽目になる。

西太后が奨励した結社「義和団」の一員。

このとき、「逃亡は恥」と意見した光緒帝の妻・珍《ちん》妃《ぴ》は西太后の怒りを買い、井戸に押し込まれ殺されてしまう。

その後、西太后は1908年、光緒帝の死の翌日に死亡する。

ちなみに、彼女は自身の死の前に、政敵である光緒帝に少しずつ毒を盛り、**自分より先に死ぬように仕向けた**という説がある。

もし、光緒帝が本当に毒殺されたのだとすれば、「光緒帝を自分より長生きさせない」という彼女の狙いは、とりあえず達成されたと言えるだろう。

味方ならば頼もしい女性

西太后の死から3年後の1911年、辛亥革命が起こり、清王朝は崩壊してしまった。
この事実を見れば、まるで彼女は、二百数十年間続いた大清帝国が最後に打ち上げた花火のような存在であったと言えるだろう。

邪魔者を極端な方法で排除し、権力に固執するのは独裁者が共通して辿る道だが、西太后の場合はヒステリックや気まぐれ、あるいは嫉妬深さなど、その残虐性の裏に女性的な陰湿さが強く表れているのが特徴である。

後世における西太后の評判は最悪だが、その残酷極まりない逸話の多くは、彼女を主題とした映画などのフィクションと混ざり、必要以上に歪曲されているふしもあるようだ。

確かに西太后は、ひとたび機嫌を損ねれば残虐な行為に及ぶような悪女ではあったが、当時の女性としては珍しく、公文書の読み書きができるなど、知性も持ち合わせていた。

また、西太后はとても寛大だったという女官の証言もあり、「味方ならばとても良い人」だったという。ただこれは、裏を返せば**「絶対敵に回したくない人」**という意味でもあるのだが。

第２章
黒い英雄

シモ・ヘイヘ
アル・カポネ
東條英機
織田信長
ビリー・ザ・キッド
宮本武蔵

No.7

フィンランドの「白い死神」シモ・ヘイヘ

1905-2002
フィンランド

32人対4000人の戦いで勝利

１９３９年11月30日、第二次世界大戦の開戦から3ヶ月目のこの日、ソ連軍はスターリンの指示のもと、フィンランドへの侵略を開始した。いわゆる「冬戦争」の勃発である。

もとよりソ連とフィンランドの間には国力に大差があったうえ、軍隊の数も段違いで、ソ連軍兵力は23個師団45万人にも上ったが、フィンランド軍の総兵力は約16万人弱に過ぎなかった。

しかも、フィンランド軍は満足に武器も揃っていない状態だったため、誰もがソ連軍の勝利を予測していた。

中でも、コッラー河を挟んでソ連軍とフィンランド軍が対峙したときは、ソ連軍４０００人に対して、フィンランド軍はわずか32人。およそ１２５倍もの兵士の数を見て、フィンランド軍には動揺と絶望が色濃く漂った。

ところが、そのとき1人のスナイパーがさらりとこう言ってのけたことで、ムードは一転する。

「なに、1人125人倒せば済むだけのことだ」

実際、彼は宣言を遂行するかのようにソ連兵を次々に狙撃し、見事フィンランド軍を勝利に導く。

このスナイパーこそが、ソ連軍に恐れられた男、シモ・ヘイヘその人だ。

後にこの戦いは、「コッラー河の奇跡」と呼ばれることとなる。

戦果で世界記録を達成

シモ・ヘイヘは1905年、ロシアとフィンランドの国境近くに位置する小さな町、ラウトゥヤルヴィで生まれ育った。冬戦争で彼が防衛任務に就いたコッラー河は、ラウトゥヤルヴィのすぐ近くであり、彼はこの地の大量に降り積もる雪や、マイナス20度からマイナス40度という厳寒にも慣れていたのである。

しかもヘイヘは鴨猟の猟師であったため、コッラー河の戦いは、言ってしまえば獲物が「鴨」から「ソ連兵」に変わっただけの状態。存分に才能を開花できる環境だったと言えるだろう。

自身のテリトリー内で、自慢の銃の腕を披露するヘイヘ。身長152センチという小柄な体型にもかかわらず、120センチもの長さがあるソ連製ボルトアクションライフルM28（モシンナガン）を自在に操り、ソ連兵を殺しまくったのだった。

ヘイヘの狙撃は迅速なだけでなく、限りなく正確で、しかも敵に自分を悟られないよう慎重さも考慮するという完璧なものであった。

周囲の雪を押し固めて雪煙が出ないようにしておいたり、自分の吐く息で位置が露呈しないよう、常に口に雪を含むなどの細心の注意を払うことも忘れなかった。

また、彼はモシンナガンで装着可能な、3・5倍から4倍の倍率のスコープをつけなかったという。これは、光反射で自分の位置を敵に悟られるのを防ぐためでもあるが、スコープが曇り、標的が見えにくくなるのを嫌ったためだ。

しかし、スコープなしでもその的中率が揺らぐことはなく、ヘイヘは1939年の12月21日だけでも25人のソ連兵を殺害。そして、クリスマスの夜には通算殺害者数が138人に達した。

結果、シモ・ヘイヘが参戦し、終戦直前に負傷するまでの**100日間で505人を射殺するという驚異的戦果を樹立**。これは世界記録である。

しかもこの中には、彼がサブマシンガンによって射殺した数はカウントされていない。サブマシンガンで射殺した２００人以上の戦果を加えれば、その合計確認戦果は実に７０５人以上になる。

そんなヘイヘに対し、ソ連兵は「災いをなすもの」あるいは**「白い死神」**などといった異名を与え、彼を恐れた。

「そんな奴がいるわけない」と、噂を真に受けずフィンランド軍を攻撃した小隊は、ヘイヘの活躍により1時間で全滅し、また、「シモ・ヘイヘを殺せ」という命令を受けたソ連兵はすぐに遺書を書いたという逸話も残っている。

スロ・コルッカ。彼もまた、400人以上を射殺したと言われる超敏腕スナイパーである。（画像引用元：「INDONESIAN GAMER」【http://www.indonesiangamer.com/forum/forum.php】）

ソ連を疲弊させた精鋭スナイパーたち

フィンランド軍はヘイヘの他にも、４００人以上を射殺したと言われるスロ・コルッカなど、驚異的な腕を持つ狙撃兵を何人も擁しており、効率的にゲリラ戦を行った。

彼らの活躍もあり、戦いを楽観視していたソ連軍は、準備不足や防寒対策の不備なども災いして次第

顎を打ち抜かれた後のヘイヘ。顔の左半分が垂れ下がってしまっている。

に勢いをなくしていく。

戦いが長引き、結局ごり押しのような形で、辛くもソ連軍がフィンランドへの侵攻に成功するが、このふがいない結果について、ソ連とその指導者であるスターリンは、世界中から失笑を買うことになってしまう。

また、国家としての損失も多大なものがあり、1920年以降にソ連軍が関与した国際紛争（中ソ戦争、スペイン戦争、日中戦争、ハサン湖事件、ノモンハン事件、東部ポーランド侵攻、冬戦争）における人的損失を見ても、なんと、この**冬戦争の犠牲者数が犠牲者総数の9割を占める**という驚きの結果が出ている。この数字にヘイヘの狙撃が影響していることは間違いないだろう。

とはいえ、狙撃兵として戦いの前線にいるため、当然ながらヘイヘ自身も、命の危険にさらされる場面が何度もあった。

そして終戦直前の1940年には、顎を撃ち抜かれてしまう。幸い一命は取り留めたが、その傷の深さは、このページに掲載した、顔の左側が半分ズルリと垂れ下がるように歪んでいる彼の写真を見れば一目瞭然であろう。

長生きして天寿を全うする

冬戦争で大活躍を収め、多数のソ連兵を葬ったヘイへだったが、彼は決して戦争と殺人を好む「ミリタリークレイジー」ではなく、とても**真面目で実直な、職人気質の性格**だったと思われる。そしてそれは、彼の残した言葉によく表れている。

狙撃の秘訣を聞かれれば「練習だ」と答え、戦果世界記録の際のコメントも「やれと言われたことを可能な限りやっただけ」と、非常にあっさりとしたものだった。

表情をピクリとも動かさず、敵の息の根を確実に止めるために必ず頭を狙って打ち抜くという、冷酷にも思える狙撃ぶりも、ヘイへにとって国を守るための「当たり前」の行動であり、それを実行したまでなのだろう。

冬戦争が終結した後、ヘイへは第一級自由十字褒章やコッラー十字章を受勲したが、頭部に負った傷のせいもあり、それ以降、再び戦場に出ることはなかった。

その後は、天才的な銃の腕を狩猟でのみ奮い、余生は猟犬の繁殖家として過ごし、ヘイへは96歳でこの世を去った。

大怪我を負ったにもかかわらず、ここまで長生きした様子を見ると、射殺した兵士の命を受け継いだのかとさえ思ってしまいそうになる。

ところで、彼が残虐で身勝手な独裁者や暴君と並び、「黒偉人」として本書に紹介されていることに首をひねる人もいるのではないだろうか。

実際、フィンランドにおいては、ヘイへは英雄扱いされており、2004年にフィンランド国営放送で発表された「フィンランドの偉人ランキング」では、74位(軍人としては2位)に選ばれてもいる。

とはいえ、スナイパーとしてどれだけ優秀だとしても、彼に殺されたソ連兵の家族や友人たちからは、やはりヘイへは残酷な殺戮者だと思われていることだろう。

彼の狙撃によって死亡した人数の膨大さは、1人のスナイパーが残した記録としては桁外れであり、ソ連側から見れば「非常に残虐な人物」となり得ることは否めないのだ。

それでも、シモ・ヘイへが殺人を犯したのは「戦地」という、「特別な場所」においてのことだった。

しかし、もしも彼がその銃の腕前を誤った方法で発揮していたとしたら——想像するだけでゾッとしてしまうような話である。

No.8

禁酒法の裏で暗躍したカリスマギャング

アル・カポネ

1899-1947
アメリカ

10代でギャング団入り

１９２０年1月16日、アメリカ全土で施行された「禁酒法」。これは、酒こそ悪の根源とし、アルコールの製造・販売・輸送を禁止するという法律である。

アメリカを健全にするために作られたはずのこの法律は、狙いとはまったく逆に作用し、酒の密造や密輸、犯罪を増大させることとなった。

「シカゴの帝王」と呼ばれたカリスマギャング、アル・カポネという怪物も、この禁酒法によって生まれたと言っても過言ではない。

１８９９年、ニューヨークのブルックリンで生まれたカポネは、10代にしてすでにギャング団に入り、犯罪を重ねていた。

そして、酒の密売を最初に始めた組織の大ボスであるジョニー・トリオについてシカゴに移り住み、殺人、強奪、密売など「仕事を選ばない」非道ぶりを発揮。その結果、なんと24歳の若さでトリオの右腕にまで上り詰めたのである。

シカゴをギャングにとって住みやすい街にするため、トリオとカポネはありとあらゆる手を尽くした。

例えば1924年には、シカゴ近郊にある町・シセロの町長選挙において、彼らの言いなりになりそうな候補のクレンハを当選させるため、暴力と脅迫による選挙違反を堂々と敢行した。対立候補者やその支持者たちを袋叩きにし、対立候補に票を入れようとする有権者を銃で脅したのである。

このときは警察も出動し銃撃戦となったものの、選挙はカポネらの思惑通りクレンハが圧勝。当時のアメリカが、いかにギャングと政治の癒着がまかり通った状態であったかを象徴するような出来事だと言えよう。

裏切り者には死の制裁

項の冒頭でも述べた通り、アメリカでは1920年に酒の製造、販売、輸送を全面的に禁止する「禁酒法」が制定された（1933年に廃止）ため、酒の密造及び密輸が、ギャングにとって大きな資金源となった。

しかし、ならず者たちの集まりが「均等に収入を分ける」ことなどできるわけがなく、裏切りやギャング団同士の抗争も激化する。

カポネのボスであるトリオは穏健派で、協定を作って秩序を守ろうとしたが、それを乱そうとしたのが「ノース・サイド団」の頭であるオバニオンだった。

トリオと違い過激派であるカポネは、当然ながら彼を消すことにした。オバニオンはギャングにはいささか不似合いな「花屋」を営んでおり、自らも店に出ていた。カポネはそれを利用し、部下に花を買うふりをさせ、店にいたオバニオンを蜂の巣にしたのである。

カポネに殺されたノース・サイド団のオバニオン（右）とワイス。（画像引用元：「hymieweiss.com」【http://www.hymieweiss.com/】）

しかし、このオバニオン殺害により、ノース・サイド団を引き継いだワイスが、トリオとカポネに復讐すべく2人をつけ狙うようになり、疲れ果てたトリオは引退を表明。

こうして、カポネは**26歳という若さで巨額の収益と巨大組織を引き継ぐことになった。**

ただ、もちろんトリオが引退したからといってワイスの復讐が終わるはずはなく、組織を引き継いだ翌年、カポネは昼食中に機関銃で1000発以上の銃弾をもって狙撃されてしまう。しかし、奇跡的にカポネは傷を負わず、部下と他の客4人が負傷しただけで済んだ。

一方、カポネを狙ったワイスとその部下2人は、後日、無残な射殺体で発見される。やられたらやり返す性格のカポネの指示であることは明白だったが、彼に警察の手が回ることはなかった。

万事こうした調子で見境なく対抗勢力を闇に葬ったカポネは、1926年、ついにシカゴの元締めに任命される。

そのシカゴは、「カポネの街」と言っていいほどだった。賭博場300軒、淫売宿3000軒、無許可の酒場2万軒がカポネの支配下にあり、収入は年間約1億ドル以上。

金と暴力を存分に利用し、禁酒法の捜査官、政治家や警察、裁判所までをも次々と買収し、裏世界だけでなく「表」にまで彼の息がかかるようになっていた。

このように確固たる権力を保持したカポネだったが、その後もその残虐非道な性格は変わらず、他の組織のギャングや裏切り者に対しては容赦なくダメージを与えた。

命乞いのために祈り差し出す手首を切断し、すぐに死なないよう手足からジワジワと銃で撃つこともあれば、「裏切る様子がある」という噂を耳にしただけで、部下をバットで殴り殺すこともあった。

カポネが生涯で関わった殺人はなんと450件にも上る。それでもカポネは巧みな工作により、**殺人罪では一度も捕まることはなかった**のである。

聖バレンタインデーの虐殺

しかし、そんなカポネの暴虐行為がついに表沙汰になる事件が起こる。１９２９年2月14日に起きた「聖バレンタインデーの虐殺」がそれだ。

オバニオン、ワイスとトップを続けて殺されたノース・サイド団は、宿敵であるカポネの命を狙い続けていた。特に、新しい頭であるモランはカポネに負けず劣らずの過激派で、カポネにとって邪魔な存在であることこのうえなかった。

THE CHICAGO DAILY NEWS
BLUE STREAK
MASSACRE 7 OF MORAN GANG
VICTIMS ARE LINED AGAINST WALL; ONE VOLLEY KILLS AL

「聖バレンタインデーの虐殺」を報じる当時の新聞記事。（画像引用元：「THE BEN LOMOND FREE PRESS」【http://bigrab.wordpress.com/】）

そこで、カポネは組織の中でも凄腕を選り抜き、モラン一派の暗殺のための部隊を結成する。

まずは、モラン一派にウイスキーの密売の情報を流し、運送会社の倉庫に呼び出した。そして約束の時間にモラン一派7名が現れたところで、警察に扮装したカポネの暗殺部隊が捜査のふりをして倉庫に入り、7人を後ろ向きにして壁に並ばせ、拳銃を取り上げた瞬間、マシンガンで一斉に射殺したのである。

実はこの事件の際、肝心のモランは倉庫に行くことを警戒して直前で逃げ出したため難を逃れたのだが、ともあれ、事件がカポネの仕業であることは周知の事実であった。

血だらけの死体が転がった現場写真入り記事が新聞に掲載され、カポネは「シカゴの街を血に染める極悪人」と、世間から痛烈な批判を浴びた。

これにはさすがのカポネも今まで以上に身の危険を感じるようになり、刑務所でほとぼりをさます計画を立てる。

そしてカポネは拳銃の不法所持でわざと逮捕され、懲役1年を言い渡され服役。職員を買収し、外での生活と変わらぬ悠々自適な刑期を送り、さらには、**模範囚として10ヶ月で出所**したのであった。

アルカトラズへの投獄の果てに

だが、服役していた10ヶ月の間に、シカゴはカポネにとって不利な方向に急変していた。株価は大暴落し、不況の波が押し寄せ、彼の資金源だった酒やギャンブルの売上は大幅に下落。さらに、シカゴでの万国博覧会が予定され、ギャングの存在を危惧する声が高まっていたのだ。

警察と政府はカポネ再逮捕に向け、酒の密売と脱税という面から捜査を開始していた。禁酒法違反については、FBIのエリオット・ネスら9人の特別精鋭チーム「アンタッチャブル」がカポネの調査にあたった。

また、脱税は国税庁が担当し、１９３１年10月、ついにカポネは**23件の脱税容疑と５０００件の禁酒法違反容疑で逮捕**される。

その結果、カポネに下された判決は懲役11年、罰金8万ドルだった。控訴も棄却され、カポネは悪評高いアルカトラズ刑務所に収容されることとなる。

サンフランシスコ湾内に浮かぶアルカトラズ島。1934年から1963年まで連邦刑務所が設置され、カポネも収容されていた。現在（写真）では、観光地となっている。（©Centpacrr and licensed for reuse under this Creative Commons Licence）

買収もできず、人間扱いされない刑務所で暮らすうち、カポネからギャングのボスの威厳は消え、他の受刑者からのイジメに遭う始末であったという。

加えて、若いころに感染した梅毒の症状が悪化し、支離滅裂な会話や躁鬱などの神経障害に悩まされるようになる。１９３９年には本格的治療のため釈放され、メリーランド州の病院に入ったが、病の進行が止まることはなく、退院後はフロリダで暮らした。

結局、カポネは栄華を築いたシカゴに戻ることはなく、１９４７年、48歳で脳卒中と肺炎を併発して死亡。シカゴを牛耳ったカリスマギャングの、あまりに寂しい最期だった。

No.9

規律を遵守し使命を貫いたA級戦犯

東條英機

1884-1948
日本

生真面目な体育会系

規律を守り、努力の成果を尊び、曲がったことを嫌う――こうした、いわゆる「体育会系」のような性格を持ち、**従順に与えられた使命を果たした軍人であり政治家**。それが東條英機である。

東條と言えば、東京裁判における「A級戦犯」の1人であり、太平洋戦争において日本の悲惨な敗戦を促した中心人物という印象があると思われる。

特に、戦中戦後に塗炭の苦しみを味わった世代にとっては、「東條英機」という名を聞くだけで、拒絶反応を示す人も少なくないだろう。事実、東條は憲兵や特別高等警察（特高）を使って民間人に圧力を加え、自分に敵対する者は、たとえ同じ軍部の人間であろうと役人であろうと排斥してきた。

また、太平洋戦争開戦前、長引く日中戦争について「支那事変（日中戦争）の解決が遅れているのはシナ側に英米とソ連の支援があるからで、根本解決のためには、北方に対してはソ連を、南方に対しては英米との戦争を決意しなければならない」と発言。

さらに、真珠湾攻撃前の1941年10月には、日米衝突を回避しようとする閣僚に対して強硬な主戦論を唱え、終戦前の1945年2月には「知識階級の敗戦必至論は遺憾である」という、**徹底抗戦の意見を天皇に上奏**している。

とはいえ、冒頭に記したように、東條は基本的に実直な人物であり、生涯、「軍隊」や「国家」という組織の秩序に従い続けた。口癖は「真面目にやっとるか」で、自身も趣味は持たず、女遊びもせず、仕事も下士官任せにしない。

また、戦時下における民心の掌握にも努めており、例えば、配給米を配る事務員が、米を受け取って礼を言う老婆を無視したのを見て、「君も婆さんに礼を言いなさい」と言ったという逸話も残されている。

几帳面な「メモ魔」

そんな東條は1884年生まれで、少年時代の成績は悪く、加えて喧嘩っ早い性格だったという。しかしある日、上級生20人から袋叩きに遭って暴力の限界を知ってからは、勉強に励むこととなる。

陸軍中将まで出世した父親の影響もあってか、東條は陸軍士官学校に進学し、優秀な成績で卒業する。

1909年に陸軍大学校を卒業。陸軍歩兵大尉として近衛歩兵第3連隊中隊長に就任し、1920年には陸軍歩兵少佐に昇任。その後も東條は、着々と出世を重ね、陸軍大学校の教官などを経た後、1928年に陸軍省軍務局高級課員になった。

事務官としての東條は非常に有能であり、また、何かにつけては手帳を取り出して記録していたため、**「メモ魔」**と称されていた。この癖は後に首相になってからも変わらず、部下の報告も必ずメモを取り、テーマ別、年月日別に分類のうえ整理し、日曜日には1冊にまとめるという徹底ぶりだった。

そして1937年3月、東條は陸軍中将として関東軍参謀長に就任し、満州へ向かう。その後、石原莞爾《いしわらかんじ》が参謀副長として着任するが、関東軍が支配する満州国の運営について、東條と石原はことごとく対立してしまう。

石原は上官である東條を「東條二等兵」と呼んで馬鹿にし、東條は石原を「架空論ばかり唱える」「超国家主義者だ」などと非難した。

これは互いの意見の相違もあるが、さほど勉強をせずとも優秀で、陸軍大学校も次席で卒業した天才型の石原と、努力の積み重ねで出世してきた東條とは性格的にもそりが合わなかったからのようだ。

だが、やがて病気を理由に石原は帰国する。一方、東條は陸軍次官として東京に戻り、1940年に陸軍大臣に就任した。

陸軍大臣と総理大臣を兼務

1941年10月18日に発足した東條内閣。

東條が陸軍大臣となった当時は、政府の力で帝国陸軍を抑えるのが困難な状態にあった。

また、日中戦争は泥沼の状態にあり、いつ終わるか分からない戦争に軍部はいら立ちを覚えていた。

そんな中、アメリカ、イギリス、オランダが中国と手を結んで包囲網を作り、石油を日本に輸入させないようにしてしまう（ABCD包囲網）。

これに対し、近衛《このえ》文麿《ふみまろ》内閣は妥協案を探り、中国からの撤兵を条件にアメリカとの衝突を避けようとしたが、陸軍は猛反発。閣議の席上で東條は強硬な主戦論を展開し、その後近衛内閣は総辞職に追い込まれた。

こうして、東條は陸軍大臣の職にありながら、**第40代内閣総理大臣**に就任したのである。

東条が陸軍大臣になり、総理大臣にまで上り詰めたのには理由がある。それは、彼が決められたことは絶対に守るという「秩序」を重んじたからだ。

当時の軍人にとって最も重要な秩序とは、明治天皇によって下賜された「軍人勅諭」であり、「天皇陛下に対しての絶対服従」だった。よって、主戦派の東條ではあったが、昭和天皇が日米交渉の継続を下命したときには、素直にその命令に従った。

ただ、東條はアメリカとの戦争にはもとから否定的で、実は開戦を進めていたのは近衛内閣だとする説もある。

これによれば、東條は中国から撤兵することなくアメリカとの戦争を避ける策を模索していたということになるが、その思いは叶えられることなく、日米開戦日の早朝、天皇の期待に応えることができなかった彼は、**首相官邸で号泣**したというエピソードも残されている。

英雄から戦犯へ

こうして、東條が望む望まざるにかかわらず、日本は太平洋戦争に突入していった。当初、連戦連勝を重ねていた帝国陸海軍を見て、国民は「元寇のときには北条時宗、この国難には東條英機」などともてはやした。だが、戦況が悪くなるにつれ、責任はすべて東條に押しつけられる形になっていく。

それでも「真面目」な東條は、始まってしまった戦争を続けていく決意を見せる。敵対する者を退け、反戦論者などは憲兵や特高を使って弾圧した。

そして陸軍大将の階級を得、陸軍大臣、内閣総理大臣、内務大臣、外務大臣、文部大臣、商工大臣、軍需大臣を兼任し、軍に指令を下す参謀総長も務め、権力を集中させる。

あまりの権力の集中に批判も出たが、東條は「非常時における指導力強化のための非常手段である」と聞く耳を持たなかった。

だが、そんな東條も１９４４年７月に退陣に追い込まれ辞職。そして１９４５年８月15日、日本は敗れ、終戦を迎えた。

東京裁判（極東国際軍事裁判）で、被告台に立つ東條。

敗戦に伴い、戦争責任を問う裁判（東京裁判）が行われ、東條は「真珠湾の不法攻撃及びアメリカ軍人と一般人を殺害した罪」により**絞首刑の判決を受け、１９４８年に刑死**した。64歳だった。

この裁判の際、東條は「国家弁護」は行ったものの「自己弁護」は口にせず、敗戦の責任も自分が負うと明言し、天皇に戦争責任はないと主張した。

さらに、判決を下された後、「この裁判で天皇陛下にご迷惑がかからないことに安心した。ただ、当時の閣僚たちに迷惑がかかったことはすまないと思っている」と語ったとも言われている。

しかしご存知の通り、戦後の東條に対する民衆のイメージは概して悪い。そこには「戦争はすべて東條のせいだ」という考えを広め、国民のうっぷんを晴らそうとする意図さえ見える。

だが、東條自身は実に真面目な人物であり、政治家としてはともかく、軍官僚としては優れた能力を持っていた。そして、そんな彼を支えていたのが、「与えられた使命の完結」という強い義務感である。

東條英機の座右の銘は**「努力即権威」**。これはすなわち、「努力をすれば必ず良い結果が生まれる」という意味であり、その結果が権威にもつながるとした。

また、政治の世界を「水商売」と言って嫌い、首相時代に「自分は政治家ではない。多年の軍隊生活で知り得た戦略をそのまま行っている」とも漏らしたという。

時代の渦に巻き込まれ、自分なりの信念を全うしてきた東條英機。その評価については、まだまだ議論の余地があるようにも思える。

No.10

織田信長

人気も残虐性も天下一の戦国武将

1534-1582
日本

大人気の武将

尾張国（現在の愛知県）の一大名から全国一の勢力を誇る武将となった織田信長。

　桶狭間の合戦では、わずか４０００の兵にもかかわらず、２万から４万と言われる今川義元軍を撃破して一躍その名を挙げ、「天下を武家で統治する」という意味の「天下布武」を掲げて天下人への道を歩み出す。

　その後、数々の戦に勝利を収め、天下統一を目前にするも、１５８２年、明智光秀の謀反を受けて京都本能寺で自害する。

　そんな信長はまさに戦国時代の英雄で、現代においてなお、最大級の人気を誇る偉人である。

　実際、信長という男が立派な人物であったことは間違いないだろう。ただその一方で、彼は敵対する者、意に沿わぬ者に対し、容赦ない殺戮や仕

右から朝倉義景、浅井久政、浅井長政。信長はこれらの武将の頭蓋骨で作った盃を用いて、家臣に酒を飲ませたという説がある。

打ちを繰り返しており、それらに関するエピソードも多数残っているのである。

敵将の頭蓋骨を盃にする

信長の残虐性について最も有名な逸話の1つが、一《いち》乗谷《じょうだに》城の戦いで倒した朝倉家と、小谷《おだに》城の戦いで自害に追い込んだ浅井家に対する仕打ちだろう。

室町幕府を滅ぼした信長は１５７３年、一乗谷城を攻めて朝倉家を滅亡させ、さらに同年、妹のお市が嫁いだ浅井家も滅ぼす。

そして、このとき捕らえた浅井長政の母・小野殿は**指を1本1本切り刻まれてから処刑**され、お市の子供とされる当時10歳の万福丸も磔にされた。

また、戦の翌年の正月の宴席では、朝倉義景と浅井久政・長政父子の**頭蓋骨に漆を塗って金箔を張り、白木の台の上に載せ、それを盃にして家臣に酒を飲**

ませたという説がある。

その他、1572年から1575年に行われた岩村城の戦いでは、城を守っていた秋山信友に好条件を提示して和議を結んだものの、岩村城が開城された後にこれを破棄。城兵を皆殺しにし、秋山信友と、その妻であり信長の叔母であった岩村御前を長良川の河原で逆さ磔の刑に処している。

ちなみにこのとき、岩村御前は、命を落とす直前まで、信長に対する怨嗟の声を上げたという。

2万人を焼き殺す

こうした信長の残虐性は、何も敵の武将だけに向けられたわけではない。時には、一般民衆に対しても容赦のない虐殺を行っている。その典型例が、長島一向一揆攻めの大虐殺だ。

長島は、本願寺門徒（一向宗徒）の勢力が強く、自治独立体制を守っていた。そんな中、1570年に本願寺の法主・顕如《けんにょ》が反信長を掲げて戦いを決意すると、長島の一向宗徒たちも蜂起する。

一揆を警戒していた信長は、長島の近くにあった小木江《こきえ》城に弟の信興《のぶおき》を置いていたが、一揆衆に攻められ信興は討死してしまう。

その翌年、家来である柴田勝家を中心とした信長軍は長島を攻めるが、このときも惨敗。以降、長島は信長にとって、遺恨の地となった。

その後、信長は1574年、再び長島の討伐を決意する。動員された兵の数は約7万。対する一揆衆は約3万だった。

とはいえ、この中には長島で暮らす老人や女性、子供も含まれ、武人の集まりである信長軍にとっては物の数ではない。

結局、一揆衆は追い詰められ、長島、屋長島、中江、篠橋、大鳥居の要塞に立てこもった。信長軍はそれぞれの砦を攻め、大鳥居を落とし、続いて篠橋を落とし、残った3砦に一揆衆を追い込んで兵糧攻めを行った。

収容する人数が過剰になった長島の砦では、大勢の餓死者を出した一揆衆側が降伏。命は助けるという条件で和睦が成立し、生き残った一揆衆は砦を出た。

ところが信長軍は、出てきた一揆衆に向かって鉄砲で不意打ちをかけ、さらに刀を抜いて襲いかかった。

これに怒った一揆衆は反撃に出る。こうして揖保川《いぼ》のほとりで激戦が繰り広げられ、信長の叔父・信次、義兄の信広、弟の秀成、従兄弟の信成が命を落とすこととなった。

当然ながら信長は激怒。そして、残された中江、屋長島の砦を柵で囲み火を放たせる。火は見る見るうちに燃え盛り、**2万人の老若男女が焼き殺される結果となった。**

比叡山の焼き討ち

同じく火を使った信長の残虐行為で、もう1つ有名なのが、比叡山の焼き討ちである。一乗谷城、小谷城の戦いで、比叡山延暦寺は朝倉・浅井側に加担していた。それを根に持った信長は報復行動として、比叡山を焼き払う決心をする。

1571年9月、約3万の信長軍は比叡山の麓にある坂本の町に火を放つ。近江随一と呼ばれていた坂本だったが、たちまちのうちに炎に覆われ、民家や寺、天台宗の守護神社でもあった日吉神社までもが焼失してしまう。

さらに信長軍はそのまま比叡山に登り放火。このとき、信長の攻撃を予測していた坂本の町の住人は比叡山に逃げ込んでいた。そこに突然の火の手と兵の攻撃を受けたのである。

僧や住民たちはたまらず山から逃げ出したが、信長の兵たちはそれらを斬り殺し、隠れていた者たち

信長による比叡山焼き討ちを表した絵。

も鉄砲で撃った。

結局このときは、僧だけではなく女性や子供を含む一般人も助命が許されず、ことごとく殺戮された。その数は約３０００人から４０００人と言われている。

戦以外でも残虐

この他、１５７８年に荒木村重が起こした謀反の際には、女房衆１２２人が磔にされ、村重の一族とその重臣の家族36人は斬首。また、下女や若衆などの女性３８８人、男性１２４人は4軒の農家に押し込められて火を放たれ、全員が焼死した。

加えて、村重の残党をかくまったり、信長へ敵対している動きを見せたという理由で、近畿の高野聖《こうやひじり》（高野山から諸地方に出向き伝道をする僧）１３８３人も捕らえられて殺されている。

このように、信長は自身に歯向かう者を徹底的に殺しまくった。そしてそれは、戦のときに限ったものではなかった。

例えば、不手際があって棚の下に隠れた茶坊主は、棚の下から刀を差し入れて斬り殺され、また、信長の留守中に無断で城を空けた侍女たちは数珠つなぎにされ全員惨殺された。

さらに、信長の暗殺を企てたものの失敗した鉄砲の名手を捕らえ、その首だけを出して生き埋めにし、**民衆に竹製の鋸で首を少しずつ切らせることもあった**。

ただもちろん、こうした一連の残虐行為は、時代背景を考えれば仕方のないことだったとも言える。また、信長以外の武将も磔や鋸引きといった刑は行っており、見せしめなどで多くの一般人を処刑した記録も残されている。

とはいえ、長島一向一揆の鎮圧や、比叡山の焼き討ち、有岡城の戦い（荒木村重が謀反を起こした際の戦）などについては、当時でさえ「残虐な所業である」と明記している記録も残っている。

さらに、家臣の中にも信長の行いに疑問を持つ者は皆無ではなかったようで、比叡山焼き討ちの際、木下藤吉郎（豊臣秀吉）は道をあけて僧を逃がしたとも言われている。

まさに、「鳴かぬなら殺してしまえホトトギス」そのままの人生を送ってきた織田信長。

仮に、彼が本能寺で倒れることなく天下を掌握していたとしたら、犯した残虐行為の数、そして殺された人々の数は、さらに膨れ上がっていた可能性がある。そうであれば、今日の信長人気も、また違ったものになっていたかもしれない。

No.11

虚像が一人歩きする伝説的アウトロー

ビリー・ザ・キッド

1859-1881
アメリカ

作られたイメージ

1850年代、多数の無法者たちがうろついていたアメリカ西部。繰り広げられる賞金稼ぎ争い、牛泥棒、銀行強盗、ガンマン同士の撃ち合い……。

そんな時代を代表する伝説的なアウトローが、ビリー・ザ・キッドである。彼が登場する映画は、なんと50本以上も作られているほどの人気者だ。それゆえ、その性格や来歴はフィクションと史実が混在して伝わっているものが多い。

例えば、身長170センチ以上、明るい色の髪、青い瞳と伝えられるキッドのルックスは、彼を演じた映画俳優たちのものであり、実際は身長150センチ足らず、黒髪で出っ歯、黒く底光りした小さな目という、どちらかというと**見栄えのしない容姿**だったらしい。

しかも、口達者で短気という性格。英雄というよりも、タチの悪いお調子者といった印象だ。

実は、キッドがヒーローとして扱われるようになったのは死後何年も経ってからのことで、**生前は「趣味と暇潰しは人殺し」という極悪人として知られていた**。

１８５９年、ニューヨーク市のブルックリンに生まれたキッドは、ニューメキシコで育った。この少年時代についてさえ、悪事が美談に差し替えられている部分が多々ある。

例えば、彼が最初に殺人を犯したのは、「13歳のときに母親をレイプしようとした鍛冶屋の男を殺した」という説が広まっているが、実は「17歳のときにアリゾナの酒場で鍛冶屋に侮辱されて喧嘩になり、相手の拳銃を引き抜いて射ち殺した」というのが本当のところだ。だが、それがなぜか「母親を守るため」という殊勝なエピソードまでつけ足され、変換されているのである。

そして、この殺人事件でビリーは逮捕されるものの、反省するどころか脱走し、不良仲間一味に加わって馬泥棒や駅馬車強盗を働き、悪業の訓練を積んでいく。

ほんの一時の更生

各地を放浪したビリーは、あるときニューメキシコ準州のリンカーン郡に辿り着き、そこで裕福な牧場主・タンストールと出会う。

ビリーの主人・タンストール（右）と大牧場主・チザム。当初、チザムはビリーのバックアップをしていたが、後には見捨ててしまう。（タンストールの画像引用元：「LEGENDS OF AMERICA」【http://www.legendsofamerica.com/】）

タンストールはビリーを気に入り、ビリーもどこの馬の骨とも知れない自分を認めてくれたタンストールを信頼した。こうして、初めて「真人間」として牧場の仕事に明け暮れたビリー。一時はそのまま更生するかのように見えたが、運命は彼を再び荒くれ者の道へと引き戻す。

当時、リンカーン郡の開拓者たちの間には、チザムとローゼンタールという２つの勢力の対立により、不穏な空気が漂っていた。

簡単に言えば、チザムは大牧場主で「伝統を重視する古風で素朴な気質」である一方、ローゼンタールは精肉販売者で「首都に基盤を置く、政治権力者などの権威を巻き込んだ都会派」だった。このように正反対の性質を持つ２つの派閥同士が折り合わなかったのも当然だと言えよう。

そんな中、ビリーの恩人であるタンストールは正義感が強かったため、判事や保安官と裏で手を組んで利益を上げ、賄賂で罪を逃れるローゼンタールの動きを許せず、不正を新聞に投書する。そしてこの行為により、タンストールはローゼンタール派のドラン一味に射殺されてしまうのである。

主人を殺された、ビリーをはじめとするローゼンタールの牧童たちは、当然ながら「敵討ち」に燃え、ローゼンタール派征伐に乗り出した。

そして、反ローゼンタールであるチザムのバックアップを得たビリーは、持ち前の荒々しい性格と銃の腕を発揮し、タンストールを殺した犯人だけでなく、**追っ手の保安官や助手たちをも皆殺しにした**のである。

リンカーン郡戦争

これらの動きに脅威を感じたドラン一味は、40人の部下を集め、キッドら17人が籠城している屋敷を包囲。その後、5日間にもわたる激しい銃撃の応酬が行われた。

しかし、決着は一向につかず、ドラン一味は最終作戦に打って出る。騎兵隊に援軍を要請して大砲を撃ち込み、さらには屋敷に放火したのである。元来負けず嫌いで気性の荒いビリーはギリギリまで応戦したが、結局は多勢に無勢。命からがら逃亡するしかなかった。

「リンカーン郡戦争」と呼ばれるこれら一連の派閥争いは半年で終わったものの、ビリーたちの後ろ盾であったチザムは事件が大きくなるのを恐れ、彼らを見捨ててしまう。

ビリーが「哀愁を漂わせた悲劇のガンマン」として描かれるのは、リンカーン郡戦争での戦いぶりが大きく影響していると思われる。

というのも、権力者をバックに据えて伝統を壊し、規律を乱すローゼンタール派は、民衆にとって分かりやすい悪の象徴である一方、彼らに立ち向かうビリーの活躍は爽快であるためだ。

また、味方だったはずのチザムに見捨てられるという顛末も同情をそそる。つまり、リンカーン郡戦争という事件は、**エンターテイメントになりやすい素材が揃っていた**というわけだ。

キッドは、この事件を題材にして作られた映画や小説において極めて都合の良い描き方をされ、そのヒーロー伝説が一人歩きをすることになったものと推察できる。

しかし、実際のビリーは「支援をしないなら自ら奪うまで」と言わんばかりにチザムの牛を100頭以上も盗んでいる。これは、牛を1頭でも盗めば縛り首、という当時の事情を考えればとんでもない暴挙だ。これでは、ビリーがチザム派から怒りを買い、挙げ句、追われる羽目になってしまったのもやむを得ないことであろう。

「宿敵」パット・ギャレット

さて、その後の1880年、ビリーにとっての「運命の宿敵」がビリー逮捕に乗り出す。

ビリーの幼なじみであり、当時保安官になっていたパット・ギャレットである。

ギャレットは、保安官としての勘とビリーの友人としての経験を存分に発揮し、その年のクリスマス・イブにビリー一味の１人を射殺。さらに、その３日後の早朝にはビリーの逮捕に成功した。

家畜泥棒の他にも、殺人や強盗などの余罪が山ほどあったビリーは、裁判で絞首刑を宣告されるが、どこからか銃を入手して見張りの保安官２人を射殺し脱獄。逃亡に成功する。

しかし、ビリーが再び手にした自由は束の間のものだった。ギャレットは、ビリーが前回捕まった場所に舞い戻ってくると予想して待ち伏せた。そしてその思惑通り、ビリーは付き合っていた彼女に会うため、まんまと戻ってきたのである。

ビリーを射殺した保安官、パット・ギャレット。彼はビリーの幼なじみだった。

そんなビリーを、ギャレットは背後から射殺する。こうして、ビリーは21歳という若さで人生を終えたのだった。

とはいえ、さすがは伝説のアウトローと言うべきか、死後においても彼の周りは何かと騒々しい。

例えば、実はギャレットは友人だったビリーを撃つことができず、別人を殺害してその人物

ニューメキシコ州にあるビリーの墓。その墓石を削っていく者が後を絶たないため、現在、墓は檻で囲われている。

をキッドだと偽証したという説が浮上し、「自分が本物のキッドだ」と主張するブラッシー・ビルという男まで登場。ただ、これについては、ビルとビリーの特徴の不一致などから、結局のところビリーの生存説はデマということで解決したようだ。

さらに最近でも、ニューメキシコ州の元知事が、**キッドに死後の「恩赦」を与えることを本気で検討した**という話もあるほどで、その死から130年以上が経過した今なお、彼の人気は衰えていない。

21人もの人々を殺したと言われる非道な殺人者が、死後ヒーローになる——ビリー・ザ・キッドという存在は、人の噂と想像力が、時に悪を善にすり替えてしまう恐ろしい作用があるということを証明しているようにも思える。

No.12

60戦無敗の理由は「卑怯戦法」？

宮本武蔵

1584?-1645
日本

「これぞ武士」か「卑怯者」か

数多くの小説や映画などで取り上げられ、「二刀流」（二天一流）を完成させたことでも有名な宮本武蔵。彼は優れた武芸者でありながら、絵画や工芸にも秀で、播州明石にいたころは城下の設計まで行い、その著書「五輪書《ごりんのしょ》」は、現代でもビジネス書として読まれているほどだ。

そんな武蔵の魅力といえば、何といっても60余戦全勝と言われるその強さだろう。ストイックに鍛錬に励み、剣の道を究めんとし、吉岡一門や佐々木小次郎といった数々の強敵相手にも勝利を収めている。

また、武蔵は、質実剛健を絵に描いたような風貌も相まって、「これぞ武士」というイメージを持たれることが多い。

しかし、そんな彼にまつわるエピソードには、

現在の兵庫県佐用町に建つ、武蔵の初決闘の地を記念した石碑。(©Corpse Reviver and licensed for reuse under this Creative Commons Licence)

思わず耳を疑ってしまうものも少なくない。そして、そこから見える武蔵の姿は**「卑怯者」**。つまり、勝つためには手段を選ばない、狡猾な人物像だ。

13歳でのデビュー戦

武蔵が生まれた年には諸説あるが、1584年というのが一般的だ。

生誕地についても美作《みまさか》(現在の岡山県)と播磨(現在の兵庫県)説に別れ、岡山県の美作市、兵庫県の太子町、加古川市が有力候補になっている。武蔵は母親を早くに亡くし、十手術や刀術の達人であった父親のもとで育てられた。

そんな武蔵は13歳のとき、デビュー戦を迎えている。相手は諸国を修行で回っていた有馬喜兵衛だった。喜兵衛は武蔵が暮らす村を訪れた際、「試合望み次第いたすべし」という高札を挙げ、これに対し武蔵は、「明日、試合を所望」と墨で書き殴った。

これに驚いたのが、当時、武蔵を預かっていたとされる正蓮寺の住職・道林坊だ。住職は「子供のいたずらゆえ、ご容赦願いたい」と喜兵衛に謝り、翌日、試合会場で武蔵に詫びを入れさせると告げる。

しかし当日、喜兵衛の前に現れた武蔵は、突然、手にしていた六尺の棒を喜兵衛に振り下ろした。当然喜兵衛は驚き、狼狽しつつも応戦。すると、武蔵は棒を投げ捨てて喜兵衛に組みつき、担ぎ上げて頭から投げ落とし、**すかさず棒を拾い直すと、喜兵衛を叩き殺してしまった**のだった。

吉岡一門との戦い

こうして初勝利を収めた武蔵は、16歳のとき第二戦にも勝ち、修行の旅に出る。その後、17歳で関ヶ原の合戦（１６００年）に参加するが、西軍についたのか東軍についたのかについては諸説ありはっきりしない。

合戦の後、彼の足取りは途絶え、その行動が再び明らかになるのは１６０４年。場所は京都だった。

ここで武蔵は、当時京都で最強とされていた吉岡一門に勝負を挑む。一門の当主は吉岡清十郎。勝負の場所は、京都郊外の蓮台寺野だった。

このとき、武蔵は後に巌流島でも使ったある戦術で清十郎を翻弄する。それが「遅参法」だ。つまり、決められた時刻にわざと遅れ、相手のイライラを誘う戦術である。

この作戦が功を奏したのか、清十郎は武蔵の木刀による一撃で敗北（引き分けという説もある）してしまう。清十郎は門人の介護で一命は取り留めたものの、負けを恥じて仏門に入ったという。

その後、「兄の敵」とばかりに今度は清十郎の弟、伝七郎が勝負を挑むが、このときも武蔵は遅参法を採用。気性の荒い伝七郎は「その手に乗るものか」と怒りを抑えたつもりだったが、武蔵が姿を現すと、すでに冷静さを失っていた。

そして武蔵が勝利。しかも、伝七郎はこの試合で命を落としてしまう。

当主兄弟が２人とも倒され、黙っていられないのは吉岡の門下生たちだ。彼らは、武蔵に最後の戦いを挑む。名目人は清十郎の子、７歳の又七郎（又七郎の年齢には異説あり）だった。

この際、吉岡一門は１００人にも上る門下生を揃え、弓などの飛び道具も準備。１００人もの敵を相手に正攻法ではとても勝ち目がないと考えた武蔵は、今度は**「遅参法」**ではなく、「奇襲作戦」を選んだ。

吉岡一門は試合会場で、武蔵はまた遅れてくるものだと思い込んでいた。また、味方や武器の数から考えても、今回ばかりは勝てるだろうと思っていた。

しかし、そこに油断があったに違いない。武蔵はそんな吉岡側の裏をかき、早くから敵の現れるのを木陰で待ち伏せ、揃ったのを見届けると、いきなり姿を現し、**真っ先に幼い又七郎を斬り捨てた。**

突然のことにうろたえる吉岡一門を尻目に、武蔵はさっさと逃走。その後、吉岡一門は急速に凋落していくこととなった。

巌流島の決闘

宮本武蔵を語るうえで外せないのは、やはり「巌流島の決闘」だろう。巌流島とは、この決闘の後につけられた名前で、当時は「舟島」（向島）と呼ばれていた。相手はむろん、佐々木小次郎である。

巌流島の武蔵対小次郎の様子を描いた絵。

越前国（現在の福井県）生まれの小次郎は、武蔵同様諸国を巡歴し、そして無敗だった。

そんな小次郎の噂を聞きつけた武蔵はさっそく、豊前（現在の福岡県）小倉城主・細川忠興《ただおき》に庇護されていた小次郎のもとを訪れ、試合を申し込む。

試合の日時は１６１２年４月13日辰之刻（午前８時ごろ）。先に舟島に上陸した小次郎は、今や遅しと武蔵を待った。だが、武蔵は一向に現れず、約２時間も遅れてようやく到着。散々待たされた小次郎は憤然として叫ぶ。

「遅いぞ武蔵！　臆したか！」

しかし、武蔵には悪びれた様子もない。怒りが頂点に達した小次郎は、刀を抜き、鞘を投げ捨てる。このとき、小次郎の憤慨を感じ取った武蔵は言う。

「小次郎敗れたり！」

時間に遅れたうえ、いきなりの勝利宣言。この無礼に対し、小次郎は冷静さを忘れてしまう。さらに続けざまに、小次郎を煽るような言葉を投げかける武蔵。

こうした武蔵の言動に我を忘れた小次郎は、真っ向から武蔵に打ちかかる。それと同時に、武蔵は舟を操る櫂の木刀で、小次郎の脳天を叩き割った。

勝負は一瞬で着いた。小次郎は頭蓋骨を割られ絶命。一方、武蔵は額に巻いていた手ぬぐいの鉢巻を落としただけだった。

晩年は熊本に安住

吉岡一門を凋落させ、佐々木小次郎を倒した武蔵は、1614年の「大坂の陣」に徳川側（豊臣側との説もあり）で参戦する。

その後1617年、信州松本藩主だった小笠原忠真《ただざね》が明石に入った際、武蔵は明石城の

武蔵がその中にこもり「五輪書」を書いた「霊巌洞」。雲巌禅寺（熊本県）の裏山に現存している。

築城や城下町の設計に関わったとされるが、その詳しい経緯は明らかにされていない。

武蔵が歴史上に再び姿を現すのは１６３４年。小倉の小笠原家に客分として迎えられている。

１６３７年に島原の乱が勃発したため、翌38年、これの鎮圧のために小倉藩は幕府から出陣を命じられ、武蔵も出陣。そして１６４０年、熊本藩主細川忠利に招かれ、武蔵は安住の地を得る。

その後、兵法の極意を示した「兵法三十五箇条」を忠利の求めに応じて執筆。忠利亡き後は「霊巌洞《れいがんどう》」という洞窟にこもり「五輪書」を執筆。

そして１６４５年、武蔵は病に倒れる。自身は雲巌洞で朽ち果てるつもりだったが、屋敷に戻されてしまう。そして、死を目前にして21項目の箇条書きである「独行道《どっこうどう》」を記し、帰らぬ人となった。

遅参法や奇襲戦法、そして言葉で相手の感情を揺さぶり、連勝を続けた宮本武蔵。**「二刀流」も、ただのパフォーマンス、すなわち単なるこけおどしだったとする説もある。**

また、敵わない相手だと知ると、試合を申し込まれても逃げ出し、さらにプライドも高く、仕官を求められても条件次第で断っていたという。

そのため、なかなか浪人の身分から抜け出せず、晩年になってようやく熊本で終の棲家を得たのである。

遺言により、武蔵の亡骸は甲冑を着せられて葬られた。場所は参勤交代の際に、熊本藩主が江戸に向かう街道沿いの林の中だった。

これは、流浪の人生を送った武蔵が、安住の地を与えてくれた細川家の恩に死後も報いる気持ちの現れだと伝えられている。

第3章
黒い反逆者

マルコムX
グリゴリー・ラスプーチン
リヒャルト・ゾルゲ
ヴラド・ツェペシュ
ビクトル・ボウト
道鏡

No.13

「過激派」の黒人解放運動家

マルコムX

1925-1965
アメリカ

「目には目を」の黒人解放運動

「白人が黒人に対して、白人を憎んでいるかと尋ねるのは、強姦者が相手に対して私が憎いかと尋ねるようなものだ」

これは、1960年代のアメリカにおける代表的な黒人解放運動の指導者・マルコムX（旧名マルコム・アール・リトル）の言葉である。

彼の演説には、白人への嫌悪感を露骨に表しているものが多く、同時期に黒人解放運動を行っていたキング牧師の「非暴力により白人と黒人が共存する国」を目指した活動とは完全に逆であった。

本来、マルコムは自分勝手な独裁者タイプではなかった。しかしながら、黒人の地位向上への情熱が強過ぎるゆえに、誤解を与えやすい発言や行動が多々見られたのである。

マルコムは、暴力を肯定するかのようなその演説内容から「過激派」と称され、時には彼が救おうとしているはずの黒人たちから恐れられることもあった。

白人に家庭を破壊された過去

マルコムが極端に白人を嫌うのは、その悲惨な過去を見れば、ある意味「当然の流れ」とも言える。

マルコムの父親は牧師であったが、「ＵＮＩＡ」という黒人解放運動組織の熱心な活動家でもあったため、家族は常に「ＫＫＫ」（クー・クラックス・クラン）などの白人至上主義団体の標的となった。

家に石を投げ込まれることなどは日常茶飯事。迫害の連続で引っ越しを繰り返さねばならず、挙げ句の果てには放火されて家が全焼してしまう。

さらにはマルコムが5歳のとき、父親が謎の事故死（白人に殺害されたという説が強い）を遂げる。これにより、マルコム一家の生活はどん底に落ち、母親も精神を病んでしまった。

こうして、事実上保護者を失ったマルコムは、裕福な白人家庭に引き取られて学校に通うも、校内で唯一の黒人であるがゆえに**「奇妙な動物」扱いをされる毎日を過ごした**という。教師に「弁護士になりたい」と将来の夢を語っても、「君は自分がニガーだという現実を忘れてはならない」と一蹴される始末であった。

こうした生活の中で、白人という存在を憎みながら、しかし同時に「いかに白人に近づくか」という不毛な行動を繰り返しマルコムは堕落していく。

麻薬に手を出し、裏社会の人間とつるみ悪行を重ね、ついに20歳のときに強盗で懲役10年の刑を受け、チャールズタウン刑務所に収監されてしまうこととなった。

「ブラック・ムスリム」との出会い

しかしこの刑務所では、マルコムの人生を変える運命的な出会いが待っていた。出会いの相手は、彼と同じく囚人だったイライジャだ。

ことあるごとにイライジャから「黒人こそ世界で一番素晴らしい民族であり、白人は排斥するべき」という「ブラック・ムスリム」の教義を諭されたマルコムは、檻の中でジワジワと、しかし確実にこの教義に傾倒していった。

マルコムは数多くの本を読み、キリスト教の矛盾、アメリカの歴史、虐げられた黒人史などについての膨大な量の知識を蓄えていく。そして出所後すぐに「ブラック・ムスリム」の活動拠点である黒人運動組織「ネイション・オブ・イスラム」へと赴き、マルコムは尊師であるイライジャ・ムハマドと対面。そのまま入信したのである。

ところが実際のところ、「ネイション・オブ・イスラム」は、女性蔑視や教団の利益優先などといった問題も多く、思想もカルト的であった。言わば**「黒人至上主義」**で、マルコムが忌み嫌った白人至上主義団体「KKK」の「白」を「黒」に置き換えた、オセロの表裏のような宗教だったのである。

「ネイション・オブ・イスラム」の尊師、イライジャ・ムハマド。

だが、この入信がきっかけで、マルコムが腐敗しきった生活から立ち直ったこともまた紛れもない事実だ。彼は「ネイション・オブ・イスラム」への入信以来、本名の「リトル」を「奴隷制時代の名前」として捨て、尊師からつけられた「X」を名乗るようになる。

黒人相手でも容赦なく批判

マルコムは、そのハンサムな容姿とパワフルな演説で、みるみるうちにカリスマ的な人気を博していった。**「白人は悪魔」「白人は黒人を漂白した人種」**など、「差別返し」とも取れる演説内容は、長年虐げられてきた黒人たちにとっては爽快であり、彼らが誇りを取り戻すきっかけとなっていく。

彼はとりわけ、「言葉の操作」を得意とした。

例えば、「『negro（ニグロ・黒人の蔑称）』のスペルは、一文字換えれば『necro（ネクロ・死体）』という意味になり、これは白人が黒人を侮辱している証拠である」などといった根拠のはっきりしない論理を自信満々に展開し、黒人の白人に対する憎悪を膨らませるのに役立てたのである。

マルコムには、言葉遊びをあたかも「真実の歴史」として説く悪い癖があり、これについてはマルコムびいきの研究者にさえも批判されている。

こうした攻撃は時に、**白人に理解を示す黒人にも及んだ**。白人が経営する大学・大学院を卒業している黒人を「白人に従順になるよう調教されていることに気づかない哀れな家畜」と言い放つこともあった。

そして、同じ黒人解放運動の指導者ながら、非暴力主義のキングに対しては「白人に迎合するアンクル・トム」という屈辱的な表現でこきおろした。

特に、キングが先頭に立って行った1963年のワシントン大行進の際は、白人の広報担当を招待したことを強く批判。「白人の笑劇、もしくはピクニックやサーカスのようだ」という痛烈なコメントを出している。

「穏健派のキング」に噛みつく「過激なマルコム」というこの図式は、当時のアメリカ政府にとってうっとうしいだけだった黒人運動を分裂させるのに都合が良かった。

マルコムはヒール的役割として大いに利用価値があり、マスコミは彼の演説に含まれる悪意を膨らませて書き、民衆の批判を煽ったのである。

そして次第に、マルコムは身内の教団内からも煙たがられるようになる。彼の過激な演説が及ぼす教団のイメージダウンを心配するのと同時に、そのカリスマ性に嫉妬する幹部も多かったのだ。まさに「出る杭は打たれる」である。

しかし、そのころ教団では尊師ムハマドの少女強姦事件が発覚し、マルコムのほうでも教団に不信感を覚えていた。

さらに組織内で「マルコム暗殺計画」まで挙がっていることを知り、ついに彼は組織を脱退したのだった。

黒人の手による暗殺

その後、マルコムは聖地メッカへの巡礼の旅を通じて、世界各地から訪れた白人のイスラム信者たちと出会い、「すべての白人を一括りにし、攻撃することは過ちだった」と反省する。

さらに、今まで批判していたキング牧師との協力を熱望し、世界に向けた黒人差別反対

マルコムX（右）とキング牧師。当初、キング牧師を批判していたマルコムだったが、後には協力を熱望するようになった。

運動を提案すべく、新しく「アフロ・アメリカン統一機構」（OAAU）を結成。しかし、彼のこの「穏やかな変貌」は、新たな殺意を抱かれるきっかけになってしまうこととなる。

1965年、マルコムはスピーチ中に「ネイション・オブ・イスラム」のメンバー3人により射殺された。**彼が人生をかけて守ろうとした黒人から殺される**というあまりにも悲しい最期であった。

そんなマルコムの死から約60年が経った現在、彼が行った黒人の犯罪・麻薬防止対策の成果は高い評価を受けている。だが同時に、不良時代の同性愛行為や売春斡旋など、不名誉な逸話も次々に明らかにされ、下世話な解釈も後を絶たない。

オバマ大統領が選出された現在でも、黒人差別がくすぶるアメリカ。マルコムXは時に「カリスマ」、そして時には「危険分子」として、強い存在感を残しているのである。

No.14

皇帝夫妻の信頼を得た欲まみれの妖僧

グリゴリー・ラスプーチン

1871?-1916
ロシア

皇太子の難病を治した僧侶

１９０４年、雪深きモスクワで、病に苦しむ皇太子を看病している皇后がいた。皇太子は生まれたときから難病を患っており、どんな医者にも治せなかった。

「このままわが子は一生苦しみ続けるのか……」

幼い息子の行く末に思い悩み、皇后は途方にくれる。そんなとき、ある貴族がみすぼらしい僧侶を連れてやってきた。いぶかしむ皇后に対し僧侶は言う。

「皇太子の病気はこの私が治して見せましょう」

この僧侶に、皇后は一度だけわが子を任せてみることを決意すると、僧侶は皇太子に怪しげな呪文を唱え始めた。するとどうだろう、**皇太子の発作があっという間に治ってしまった**のである。

皇后はたいそう喜び、眼前の恩人に名を尋ねる

ラスプーチンの「呪文」で難病が治ったと言われる皇太子・アレクセイ。

と、僧侶はこう答えた。

「私の名は、グリゴリー・ラスプーチンといいます」

ロマノフ王朝末期のロシア帝国において、人々から「聖人」と崇められた僧侶、グリゴリー・ラスプーチン。彼は地方の貧しい農村に住む農民だったが、1891年、20歳になったときに聖母マリアからの啓示を受けたとし、家族を捨てて修行僧として巡礼と修行の旅に出た。

そして、1904年にサンクトペテルブルクに立ち寄った彼は、そこで病や怪我に苦しむ人々を救い、いつしか多くの人から信仰を集める。

そんなとき、神学校の紹介でアナスタシア大公妃と出会い、宮中に出入りできるようになった彼は、皇太子・アレクセイが難病で苦しみ、母親である皇后・アレクサンドラが悩んでいることを知る。

そこでラスプーチンは大公妃の紹介という形で皇太子に近づき、冒頭で述べたように、独自の祈祷で病気の発作を治してしまった。

こうして皇后からの信頼を得たラスプーチンは1905年の11月に皇帝・ニコライ2世への謁見を許され、**皇帝夫妻から「我らの友人」と呼ばれるほど敬愛されるようになっ**

たのである。

聖人の裏の顔

当時、奇跡の聖人として信仰を集めたラスプーチンだったが、その本性は人々が思っているような立派なものではなかった。

そもそも、彼が旅に出た真の理由は、神からの啓示などではなく、単に貧乏暮らしが嫌で家出したという説が有力なのだ。さらに、馬泥棒の罪で村を追放されていたりもする。

また、ラスプーチンの信者には圧倒的に女性が多く、ラスプーチンは夜な夜なレストランなどで女性信者を自分の周りにはべらせて踊り、歌い、酒を飲み、そして夜がふければ場所を移して乱交パーティまでをも開き、肉欲の日々を繰り返していたという。

そんな彼のモットーは、「罪を犯せば犯すほど、神の救いが大きくなる」というものだった。

さて、ラスプーチンが人々から崇められ、皇帝からも深い信頼を勝ち得た原因は、やはり〝奇跡の術〟とも言える治療術にあった。彼が行う治療は投薬などではなく、祈祷、あるいは患部に手を当てて気を送るというヒーリング術だった。

これは、神の秘術とも奇跡の力とも言われるが、**ただのペテンだったという説も根強い**。というのも、ラスプーチンは催眠術の使い手でもあったのだ。

ラスプーチンを「至上の友人」と称したロシア皇帝・ニコライ２世（右）と皇后・アレクサンドラ。

つまり彼の治療とは、患者に催眠術をかけて、さも病気が完治したかのように**錯覚させる**というものだったという説が有力なのである。

実際、皇太子の病気も最初の治療後に何度か再発しており、その度に彼の手で再度「治療」が施されている。

これらに関しては、当時の新聞や秘密警察の手によって暴露されているが、ラスプーチンについてのネガティブな情報は、ある人々の手によって握り潰されてしまう。

その人々とは、ラスプーチンを「至上の友人」として愛していた皇帝・ニコライ2世と、皇后・アレクサンドラである。

皇后を通じて政治に介入

皇帝夫妻は、息子の恩人であり親友でもあるラスプーチンへの批判を決して許さなかった。

皇帝という最大の味方を得たラスプーチンは、皇太子の治療という名目で自由に宮廷を出入りし、次第に政治についても口を挟むようになっていく。それでも、最初のうちは農民や僧侶を知る立場としての、助言程度のものだった。

この構図が崩れたのは、第一次世界大戦勃発後の、1914年以降のことだった。ニコライ皇帝が最高司令官として戦地へ赴くと、モスクワには皇后1人が残された。そして、皇帝の代わりを務めることになった彼女が頼りにした相手こそがラスプーチンだったのだ。

彼女は相談役となったラスプーチンに言われるままに政治を取り仕切り、果ては、大臣や官僚の任命までをも彼の言葉通りに進めてしまう。

貴族たちは、怪しげな僧侶の意見を重視し過ぎないよう皇后に進言するが、彼女はまったく耳を貸さない。そしていつしか、ラスプーチンと皇后が愛人関係にあるのではないかという噂まで囁かれ、民衆の心は皇室から次第に離れていく。

そんな状況下においても、ラスプーチンに取り入るべく、多くの資本家や右翼勢力が彼に近づいてくるため、酒は好きなだけ飲めて、女にも不自由しない。邪魔な人間は皇帝夫妻が潰してくれる。

もはやそのころのラスプーチンは、**皇帝に最も近い立場の人間**だと言っても過言ではないほどだった。

ただ、欲が必要以上に満たされれば、聖人君子であっても堕落してしまうことがある。まして、もともと邪淫を礼賛していたラスプーチンにおいてはなおさらで、そこにはもう、かっての「聖人」としての姿はなかった。

不死身の妖僧

1916年12月、ラスプーチンに宮廷を乱された貴族が、ついにラスプーチン暗殺を決行する。

暗殺の首謀者は皇族の1人、フェリックス・ユスポフ侯爵だった。彼は、ラスプーチンを晩餐会に招き、毒の入った料理を振る舞った。

ところが、食事を完食したにもかかわらず、ラスプーチンは平然としている。焦ったユスポフは彼に短剣を突き刺し、さらに背中に向けて何発も発砲。ようやく死んだと思っていたら、まだラスプーチンは生きており、血の海の中でもがいていた。

さらに、仲間を呼んで**棍棒で体中を滅多打ちにしても、窓から道路に突き落としてみても、ラスプーチンは傷だらけの体で何度も立ち上がる。**

恐怖にかられ半狂乱となったユスポフは、ラスプーチンをロープで縛りあげて動けなくしたうえ、真冬のネヴァ川に投げ捨てる。

これでさすがのラスプーチンも川から這い上がってくることはなく、この3日後に下流から溺死体が発見されたのだった。

その後、ラスプーチンの死は国中に公表され、貴族も国民も、皇帝夫妻を除いたほとんどの者が宮廷を乱した妖僧の最期を心から喜んだという。

さて、ラスプーチンという人物は、実際には何の力もない詐欺師だったと思われているが、その一方で、死の1ヶ月前に皇帝宛に予言めいた手紙を残してもいる。

「私の生涯は来年1月1日以前に終わるでしょう。その暇乞いに参りました。私を殺す者が農民であれば、皇室は数百年にわたって安泰でしょう。しかし、もし、私を殺す者の中に陛下のご一族がおられれば、2年以内に陛下とご家族は悲惨な最期を遂げることとなり、そしてロシアは長きにわたって多くの血が流されることとなりましょう」

ラスプーチンは皇族の手にかかって死んだ。その後、1917年にロシア革命が始まり、ニコライ2世とその一族は革命派によって1人残らず殺されてしまう。つまり、**予言は当たっている**のだ。

ラスプーチンはただのペテン師だったのか、それとも、奇跡の力を持っていながらも、欲望に負けて私利私欲に走ってしまった聖人だったのか。その真相は、今となっては歴史の闇の中である。

苦心の末ラスプーチンを暗殺した、フェリックス・ユスポフ侯爵。

No.15

「ゾルゲ事件」を起こした伝説のスパイ
リヒャルト・ゾルゲ

1895-1944
ドイツ（ソ連）

共産主義に目覚める

日米が総力を尽くして戦った太平洋戦争。その裏側では、開戦前から世界各国のスパイによる諜報戦が繰り広げられていた。そんな中、1人のスパイが起こした事件が、日本を震撼させた。「ゾルゲ事件」——後世、そう呼ばれることになる事件を引き起こしたのは、ソ連のスパイ、リヒャルト・ゾルゲだった。

彼はドイツ人でありながらソ連共産党のスパイでもあり、ドイツ人記者という立場を隠れ蓑に、日本のみならず中国にも大きな影響を及ぼした、**伝説の名スパイ**である。

1895年、ゾルゲはロシアのバクー（現在のアゼルバイジャン共和国の首都）で、ドイツ人の父とロシア人の母の間に生まれた。3歳のときにベルリンへ移住し、そのままドイツ人として成長する。

その後ベルリン大学に在籍し、第一次世界大戦に参加したが、戦闘中に足を負傷し、長期の入院を余儀なくされる。ここで看護師から聞かされた社会主義論が、彼の運命を大きく変えることとなる。

戦争が終わると、ゾルゲは1919年に成立直後のドイツ共産党へ入党した。そこで彼に与えられた仕事は、党の情宣活動だった。

そんな彼に人生の転機が訪れたのは1924年、フランクフルトで開かれた共産党大会に参加したときのことだ。当時、唯一の共産主義大国であったソ連の大物党員たちと会談する機会を得たのである。

「全人類が待ち望んでいた社会悪の浄化と、貧困・不正・不平等に侵された世界の根本治療」

共産主義者の憧れの地であるソ連からの来訪者が語ったこうした理想は、若きゾルゲの心を大きく揺さぶった。そして、彼らはゾルゲにこう語りかけた。

「理想実現のために、ソ連でわれわれと共に力を尽くさないか？」

こうしてゾルゲはモスクワへ旅立ち、その後、彼がドイツへ戻ることは二度となかった。

中国でスパイデビュー

1930年1月、戦争の足音が近づく上海に、ドイツの有力新聞「フランクフルター・ツァイトゥング」から1人の特派員が派遣された。

彼は中国の政治や文化に精通しており、日本文化についても非常に詳しかった。加えて、中国語と日本語を共に使いこなせる彼は、現地の記者とも意気投合し、各地で円滑に取材を進めることができた。

そう、彼こそがリヒャルト・ゾルゲ、その人である。

ソ連に渡り、共産党の一員となったゾルゲが配属された部署は軍事諜報担当部署。つまり、ソ連スパイの本部だった。

こうしてスパイとなったゾルゲは、ドイツの有力新聞社の記者という肩書きを得て、前述の通り中国にてスパイとしてのデビューを果たしたのである。

ゾルゲは、日中、とりわけ日本文化を十分に研究しており、漢口、南京、広東、北京、満州をはじめとする中国全土に、ソ連スパイの諜報活動網を広げていく。

そして、日中の動向及び日本軍の装備・情報を逐一ソ連へ報告した。この功績が認められ、ゾルゲはわずか半年で現地スパイのリーダー格になる。

また、スパイ活動を円滑に進めるために、ゾルゲは他国の協力者を作ることも忘れてはいなかった。彼の代表的な協力者としては、アメリカのアグネス・スメドレーと日本の尾崎秀実《ほつみ》が挙げられる。

アグネスは毛沢東に同行取材したこともあるアメリカの左翼ジャーナリスト。そして尾崎は朝日新聞の記者であり、生粋の共産主義者として、日本での革命成功を心から望んでいた1人である。

彼らを自身のスパイ組織**「ゾルゲ諜報団」**に引き入れたゾルゲは、さらに諜報活動の場を広げていく。中国国民党の指導者・蒋介石の情報、日本軍の機密情報、あるいは、1932年の第一次上海事変についての情報などもモスクワに送られた。

ゾルゲの協力者となったアグネス・スメドレー（右）と尾崎秀実。（アグネス・スメドレーの画像引用元：「Daughter of Earth:Agnes Smedley Collection」【http://www.asu.edu/lib/archives/smedley.htm】）

このように、日中の軍事や世界の動向を機密レベルのものまで仕入れるゾルゲの活躍は、あのスターリンにも高く評価されたという。

その後、中国での任務が一段落したゾルゲは、活動を次の場に移す。その矛先になったのは、米ソとの関係が悪化しつつあった、日本だった。

活動の場を日本へ

1933年、日本の動向をより深く調べるべく、ゾルゲは東京特派員兼ナチス党員と身分を偽って横浜へ移住し、駐日ドイツ特命全権大使であるオ

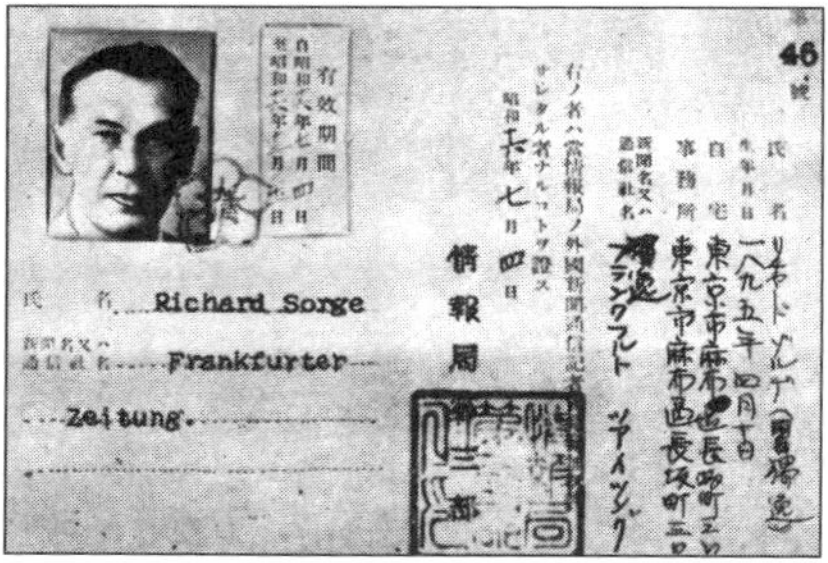

日本でゾルゲに与えられた身分証明証。

イゲン・オットに接触した。

駐日大使でありながら日本の知識に疎かったオットは、ゾルゲがドイツを裏切ったソ連のスパイであるとも知らず、日本通として有名な彼を歓迎する。

こうして大使の信頼を勝ち取ったゾルゲは、大使館を活動の場として情報収集に努める。まずゾルゲは、ドイツ側の味方のふりをし、ソ連だけでなくドイツにも情報を流すようにした。

その中には、二・二六事件などの重要情報も含まれていた。結果として、ゾルゲの手腕をナチスも評価し、ソ連の名スパイはドイツの信頼を勝ち取ることにも成功した。

それどころか、欧州の戦争が始まった１９３９年には大使館情報官に任命され、ドイツの公的文書を手に入れられるようにもなったのである。

ゾルゲは、日本においても精力的だった。近衛《このえ》内閣の中心的人物にまで出世していた尾崎の協力のもと、軍事面を中心に、日本軍の武器弾薬の備蓄量、兵器のデータ、兵器生産設備や物資に至るまで、ありとあらゆる情報を仕入れていた。

さらに、ゾルゲは近衛内閣ブレーンの一員である西園寺《さいおんじ》公一《きんかず》や宮城与徳《よとく》をはじめとする多くの日本人共産主義者を味方に引き込むことにも成功。**日独の情報は、ゾルゲを通してソ連へ筒抜けとなっていた**。

中でも重要視されたのは、日本が戦おうとしている相手はソ連なのか、それとも関係が悪化しているアメリカなのかという、日本軍の開戦情報だった。ドイツ軍に苦戦していたソ連は、日独同盟国から挟み撃ちにされることを何よりも恐れていたのである。

そして１９４１年、ソ連が待ちに待っていた情報がゾルゲから送られる。日本軍部が、南方資源確保のために米英が支配する南方に進撃する「帝国国策遂行要領」を決定したという情報だ。ちなみにこれは、会議に携わっていた尾崎から横流しされている。

これを受け、さっそくスターリンはシベリアに配置していた部隊のほとんどを対独戦に投入し、首都・モスクワの目前まで迫っていたドイツ軍を押し戻すことに成功する。すなわち、**独ソ戦の勝敗を決したのは、ゾルゲからの情報に他ならなかった**のである。

「ゾルゲ事件」の発覚

このように数々の活躍を果たしてきたゾルゲだったが、その栄光も永遠には続かなかった。

転落の始まりは１９４１年６月。日本共産党員・伊藤律が逮捕され、拷問の末に協力者たちの名前を自白したことが発端だった。

逮捕者による自白が自白を呼び、そこから先はまさに芋づる式。逮捕者はゾルゲの協力者にまで及び、政府関係者であった尾崎までもが逮捕される。

そして同年10月、ついにゾルゲは特高警察の手によって逮捕されてしまうのである。たった1人のソ連スパイが重要機密を自在に盗み出し、加えて、大物政治家を中心とする多くの日本人たちがそれに協力していたというこの機密漏洩事件に、日本中が震撼した。そして冒頭で記した通り、後にこの事件は「ゾルゲ事件」と名づけられる。

ただ、逮捕後もゾルゲは自身がスパイだと認めず、彼がスパイだと知らなかったドイツ大使館や新聞社からは、彼の釈放を求める声が後を絶たなかった。

一方、**肝心のスターリンはゾルゲの存在を否定**。ソ連に見放されたゾルゲは、過酷な取調べの末、ついに自供する。そして、最も親しかった尾崎と共に巣鴨拘置所に移され、1944年に死刑が執行された。死の瞬間、ゾルゲは日本語で「共産党万歳！」と叫んだと言われている。

そんなゾルゲがソ連に存在を認められたのは、処刑から20年が経った1964年のこと。ソ連邦英雄勲章を授与され、国家の英雄として語り継がれることとなった。

No.16

吸血鬼のモデルにもなった「串刺し公」
ヴラド・ツェペシュ

1431-1476
ルーマニア

〝吸血鬼〟のモデル

ルーマニアには、古くから語り継がれている伝説がある。

伝説の主は古城の中に潜んで日光を嫌い、真夜中になると棺桶の中から姿を現す。夜空を駆け、使い魔を操り、コウモリなどに姿を変えて狙った獲物に忍び寄る。そして獲物の首に牙を突き刺し、生き血をすすって殺す――。

伝説の主とは、〝吸血鬼〟ことドラキュラ伯爵のことであり、このドラキュラ伯爵にはモデルとなった実在の人物がいる。その人物の名は、ワラキア領主・ヴラド3世。またの名をヴラド・ツェペシュという。

ちなみに「ツェペシュ」とはルーマニア語で**「串刺し公」**を意味している。

ヴラドが生きた15世紀、ルーマニアはトランシ

ヴラド・ツェペシュの父、ヴラド2世。「悪魔公」の異名があった。

ルバニア、モルドバ、ワラキアという3つの地方勢力に分かれており、それぞれがルーマニアの覇権を巡り、領土拡大戦争を幾度となく繰り広げた。

ヴラドの一族は、そんな戦乱渦巻く時代に君臨していた名家だった。父親であるヴラド2世は、ヴラドが生まれて5年後の1436年、神聖ローマ帝国の力を借りてワラキア公として即位する。

その後、ヴラド2世は国内だけでなくオスマン帝国やハンガリー、あるいはドイツといった国外の敵対勢力とも権力争いを行う。

ヴラド2世の異名は**「悪魔公」**。だが、そんな悪魔公も、1447年に政敵の手によって毒殺されてしまう。

そして翌年、息子であるヴラドが政権闘争で勝利を収め、1456年に正式なワラキア大公となったのである。

「串刺し公」の誕生

当時、世界最大の国家は中東のオスマン帝国だった。イスラム教を国教とするオスマン帝国は何度もキリスト教国家に戦争を仕掛け、その勢いは、神聖ローマ帝国をも滅ぼしてしまうほどだった。

ヴラドの父・ヴラド2世の時代のワラキアは、そんなオスマン帝国に従属していた。だが、ヴラドの代になると急速に関係は悪化する。

実は、ワラキアはオスマン帝国との戦いで一度敗北を喫したことがあり、１４４２年、少年だったヴラドは人質としてオスマン帝国に送られたことがあるのだ。

つまり、ヴラドにとってオスマン帝国は自身を人質として辱めた怨敵であり、友好関係など結べるはずがなかったのである。

やがてヴラドはオスマン帝国に奉納金も支払わなくなり、また、**オスマン帝国からの使者は有無を言わさず即座に処刑**。加えて、オスマン帝国領のドナウ川南岸に何度も侵入し、略奪と殺戮を繰り返した。

これにはオスマン帝国も激怒し、１４６２年、オスマン帝国の皇帝・メフメト2世は、ついに自ら軍を率いてワラキアへ出陣する。その兵の数は15万。対するワラキア軍の兵は３万だった。

兵隊数の圧倒的な差もあり、当初はオスマン帝国軍の誰もがすぐにヴラドを討伐し、国へ凱旋できると考えていた。

事実オスマン帝国軍は、夜襲を受けて多くの死者や捕虜を出すこともあったが、ワラキ

オスマン帝国の皇帝・メフメト2世。ヴラドのあまりに容赦ないやり方に、進軍を躊躇した。

ア軍そのものは撃退できており、軍内にも勝利のムードが漂っていた。

しかし、オスマン帝国軍がワラキアの首都の手前まで差しかかった際、進軍していた彼らの前に、何やら森のようなものが見えてきた。だが、地図を確認してもそんな場所に森など存在しない。

首をかしげながら近づくにつれ、オスマン帝国軍の疑問は段々と恐怖に形を変えていった。というのも、それは森などではなく、**串刺しになったオスマン帝国兵たちの姿だった**からだ。

ヴラドは、一連の戦いの最中で手に入れた捕虜たちを、生きたまま串刺しにしてしまったのである。そして、その数はなんと**2万人**に上った。

これによりオスマン帝国兵たちは狂乱状態に陥り、メフメト2世さえもこれ以上の進軍を躊躇してしまう。

結局、軍はそのまま逃げるようにワラキアから撤退。それ以降、ヴラドは「串刺し公」と呼ばれ、オスマン帝国から恐れられるようになった。

貴族や民衆も串刺しに

敵対した者に対しまったく容赦をしなかったヴラドは、戦争で捕らえた捕虜を、生きながらの串刺しという手段以外でも多数処刑している。

その方法はいずれも残忍なもので、釜茹で、生き埋め、磔など。また、**捕虜の１人を調理させ、自身の食卓に加えた**という話も残っている。

そして、こうした身の毛もよだつ殺戮劇を、ヴラドは酒の肴にして笑いながら語ったという。

さらに、ヴラドは国内の貴族や民衆に対しても厳しかった。ある日、国中の貴族を呼び寄せたヴラドは、彼らに対して質問を投げかける。

「君たちは今まで何人の君主に仕えてきたのか？」

突然の問いかけに戸惑いつつも、貴族たちは正直に5人、10人、15人などと答えていった。やがて全員が答え終わると、ヴラドは兵に命じ、数字が大きかった者を１人残らず捕らえさせ、生きたまま串刺しにさせた。その数ざっと５００人。その理由は、あまりにも多くの君主に仕えてきた貴族は、自分を裏切るかもしれないからというものだった。

こうして反乱分子となる可能性のある貴族を一掃すると、続いて彼の矛先は民衆へと向かった。

ツェペシュが大いに好んだ、串刺しの様子を描いた絵。

ヴラドが民衆に望んだものは、平和と秩序だった。盗みをせず、不正を行わず、妻は常に夫に尽くし、夫は家族のために勤勉に働くべし。

この主張自体は正しいが、それらを破った者に対する罰は、恐ろしいまでに厳しかった。

真面目な夫を裏切って浮気をしたという罪で、妻が性器と乳房を切り取られて串刺しにされた。また、盗みや殺しを行った者は、やはり串刺しにされて死ぬまで野ざらしにされた。

ヴラドは、戦争においても処刑においてもとにかく人を串刺しにするのが大好きだった。どんな罪でも、ヴラドの目に止まれば即座に串刺し。そして、**串刺しとなった犠牲者たちを眺めながら食事をするのが、ヴラドの楽しみだった**と言われている。

こうした状況の中、ワラキアには犯罪者は1人もいなくなったと言われる。つまり、ヴラドは、友愛と慈悲などではなく、流血と恐怖によって国内に秩序と安定をもたらしたのである。

哀れな最後

しかしながら、この恐怖による統治は長く続かなかった。オスマン帝国を退けたはいいものの、戦争によって国内は荒れ果て、反ヴラド勢力も息を吹き返す。

ヴラドは一時ハンガリーに身を寄せるが、ハンガリー王は密かにオスマン帝国と通じており、メフメト２世との密約に従い、ヴラドを捕らえて幽閉してしまう。

そして、再びヴラドが祖国・ワラキアの土を踏むのは12年後のことだった。そこでもう一度オスマン帝国と刃を交えることになるのだが、このとき、彼に勝利の栄光が訪れることはなかった。

この戦いの最中、友軍とはぐれて包囲されたヴラドは、敵兵の死体から服を剥ぎ取り、敵兵に変装して遁走した。

こうしてなんとか窮地を脱したすぐ後、ヴラドは、彼のもとへ駆け寄ってくる友軍兵の姿を発見。喜んで手を振ったヴラドだったが、その兵士はヴラドに槍を突き立ててしまう。

このときヴラドは、自分が敵兵の姿をしていることを忘れていたのである。

敵味方問わず、10万人以上の人間を串刺しにしたワラキアの狂王は、結局、味方の手によって命を落とした。「串刺し公」と呼ばれ恐れられた男の、あまりにもあっけなく、哀れで、滑稽ともいえる最期であった。

No.17
当代一の「死の商人」ビクトル・ボウト

1967-
ロシア

元軍人の武器商人

国と国の戦争ならば、通常、自国の工場で武器を製造して使用する。だが、革命家やテロリスト、あるいは武器を製造できる工場や技術を持たない国が武器を使いたければ、他国から輸入しなくてはならない。

ただし、武器の輸出入については規制が多く、そんなときに暗躍するのが「武器商人」である。

そんな武器商人の中でも、**「死の商人」**と呼ばれ、最も悪名高い人物がビクトル・ボウトだ。

ボウトは1967年生まれのロシア人であり、2014年2月現在も存命の人物である。誕生の地は、当時ソビエト連邦の1つだったタジキスタンの首都・ドゥシャンベで、その後ボウトはモスクワの軍事外国語研究所に進学し、英語、フランス語、ポルトガル語などを習得する。

6ヶ国語に精通しているとされる彼は、通訳としてソ連空軍に勤務し、階位は中尉だった。後にソ連軍参謀本部情報総局（GRU・現在はロシア連邦軍参謀本部情報総局）に移り、少佐に昇進。また、ソ連の情報機関で秘密警察でもあったソ連国家保安委員会（KGB）に在籍していたとも言われる。

そんなボウトは1991年のソビエト連邦崩壊に伴い、軍人から実業家へ転身する。

多くの貨物空輸会社を設立し、1990年代から2000年代の前半にかけて、ボウトはアフリカや中東に向けて大量の貨物を輸送する。その中身は生花や冷凍鶏肉であったりもしたが、彼にとって最も重要な積み荷は**「武器」**だったのである。

様々な取引先

東西冷戦が終わりソ連が崩壊した際には、中古の武器があり余る事態となった。それまでソ連は、領土拡大、あるいは西側諸国に対抗すべく、膨大な武器を所有していたからだ。

そんな中、ボウトがこれに目をつける。彼は、タダ同然で旧ソ連の武器を買い集め、諸外国へ密輸するビジネスを始めた。

当初、彼が得意先としたのはアフリカのアンゴラ、リベリア、シエラレオネ、コンゴ民主共和国などだった。特に、アンゴラについてはソ連の軍人時代に数週間滞在したことがあ

「第二次コンゴ戦争」時の兵士たち。この紛争において、ボウトが調達した武器が使用された。

り、そのときに供給ルートを確保したとみられており、1996年から1998年の間に、ブルガリアから武器を輸送している。

このときボウトが運んだ武器は、1993年から国連安保理事会により武器の輸入を禁じられていたUNITA（アンゴラ全面独立民族同盟）の手に渡ったと言われている。

ちなみに、アンゴラは1975年にポルトガルから独立を果たしたものの、その後は政権を巡って内乱が続き、UNITAとFNLA（アンゴラ民族解放戦線）、MPLA（アンゴラ解放人民運動）が対立していた。

80年代にFNLAが弱体化し、1991年にはMPLAとUNITAの間で和平協定が結ばれたものの、1998年、UNITAの再蜂起により内戦が再熱。つまり、**ボウトが売り渡した武器でUNITAが蘇った**とも考えられるのだ（2002年に休戦）。

また、ボウトはその他にも、リベリアが国連の禁輸措置下にあるにもかかわらず、内戦を引き起こして権利を握ったチャールズ・テーラー元リベリア大統領に対して武器を調達。

さらに、1998年から2003年の「第二次コンゴ戦争」の際には、約300人を雇い入れ、60機近くの航空機で武装グループに武器を調達している。

加えて、国際テロ組織のアルカイダやアフガニスタンの旧支配組織・タリバンともつながりがある一方、タリバンと敵対する北部同盟にも武器を輸送したという指摘もある。

世界中に増えゆく敵

国連の禁輸措置などお構いなしに、世界を股にかけて武器を売り捌き、血なまぐさい噂を耳にすれば、どこへでも出かけて売買契約を取りつけるボウト。

実際、彼はロシアの他にも、ベルギー、ルワンダ、南アフリカ、シリア、ＵＡＥ（アラブ首長国連邦）に住んでいたと言われ、多くの会社を所有している。

イギリスの外相を務めていたピーター・ヘインは、そんなボウトを「死の商人」と称して非難し、また、国際人権団体であるアムネスティ・インターナショナルも、アフリカへの武器の大量密輸に関してボウトを告発する。

さらに、国際刑事警察機構（インターポール）は、マネーロンダリングの容疑で２００２年にボウトの国際逮捕手配書を発行。だが、ボウトは世界各地を転々としているため、その足取りはなかなかつかめず、捜査は難航する。

その一方で、そんな彼の姿をモチーフにしたと言われる、ニコラス・ケイジ主演の映画「ロード・オブ・ウォー」も制作（２００５年公開）された。

ついに逮捕される

しかし、ついにボウトが年貢を納めるときがきた。2008年3月、ボウトはアメリカ麻薬取締局（DEA）の囮捜査によって、訪れていたタイのバンコクで逮捕されたのである。囮捜査の内容は、アメリカ国務省がテロ組織に指定するコロンビアの反政府左翼ゲリラ・コロンビア革命軍（FARC）のメンバーに扮したDEAの協力者がボウトに接触し、地対空ミサイル100基、数千丁のライフルなどを500万ドルで売買する約束を取りつけるというもので、この後、DEAはタイ警察へ通報した。

アメリカの法律では、テロ組織への武器提供が禁じられており、ボウトはタイで裁判を受け、アメリカへ移送されることになった。

ところが、この逮捕の後の展開は、非常に意外なものとなった。逮捕翌年の8月、タイの裁判所は証拠不十分と、タイがFARCをテロ組織と認定していないことを理由に、アメリカ政府からの**ボウトの身柄引き渡し要求を却下した**のである。

その背景には、ロシアからの圧力が存在したのは間違いないようで、ボウトの逮捕時、ロシア下院は「ボウトの違法な起訴」を非難する決議を採択し、タイに有利な石油の取引を持ちかけたりするなどしている。

ロシアがボウトを守ろうとするのは、彼がロシア軍やロシア公安局上層部の密輸関与の情報を保持しているからに他ならない。つまり、ボウトがかつて行ってきたビジネスの数々は、ロシアの支配層との関係なくしては不可能であり、アメリカの法廷で、これらに関する重大な秘密をボウトが暴露することを恐れたのだ。

一方のアメリカはというと、タイ政府に対し、ヒラリー・クリントン国務長官とエリック・ホルダー司法長官が懸念を表明。また、デビッド・オグデン司法副長官はタイの法相と会談し、「ボウトの身柄引き渡しはアメリカの重要案件だ」と伝えた。

こうしたアメリカの圧力が功を奏したのか、２０１０年8月20日、タイの控訴裁判所（高等裁判所に相当）は1審判決を破棄し、ボウトのアメリカへの身柄引き渡しを決定。３ヶ月以内に移送するとした。

これについて、ロシアのラブロフ外相は「外部の強い圧力を受けてなされた決定だ」とアメリカを批判。タイのアピシット首相は「証拠に基づいた決定であり、外部の干渉はない」と明言するものの、当初、8月25日に予定されていたボウトの移送は延期された。

だが11月16日、ようやくボウトはアメリカに移送され、1年後の２０１１年11月に殺人共謀罪で有罪となった。

そして２０１２年4月、ニューヨーク連邦地裁は、**禁固25年の判決を下した**のである。

なお、裁判では、ボウトはただ無実を訴えるばかりで、注目を集めたロシアとの関係は、謎のままになっている。

No.18

道鏡

皇位を手に入れかけた僧

700?-772
日本

栃木県下野市の龍興寺内に建つ道鏡塚（道鏡の墓）。道鏡については、当時描かれた肖像画などが残されていない。

運命を決定づけた出会い

日本の歴史の中には、天皇を利用しよう、もしくは天皇に成り代わろうと目論んだ権力者が幾人か現れてきた。

そんな中、貴族でもなく、天下を制圧した権力者でもない**一介の僧が天皇の位に就く寸前まで辿り着いた**という例がある。

僧の名は道鏡《どうきょう》。奈良時代末期、日本の仏教界で最高の地位とされる「法王」の位置まで上り詰め、時の天皇をして「皇位を譲ってもいい」とさえ言わしめた人物である。

道鏡は河内国（現在の大阪府）の出身で、物部氏の一族である弓削《ゆげ》氏の出自と言われている。そのため「弓削道鏡」と呼ばれることもあり、西暦700年に生まれたとされるが詳細は不明だ。

彼は若いころに葛城《かつらぎ》山で山林修行を重ね、秘法を会得。良弁《ろうべん》という東大寺の僧の弟子となり、梵語（サンスクリット語）や禅に通じ、やがて内道場（宮中の仏殿）に入ることを許される。

そんな道鏡に、後の運命を決定づける出会いがあったのは７６１年のこと。その相手が孝謙上皇である。

孝謙上皇は46代の天皇にして女帝であり、７５８年に47代の淳仁《じゅんにん》天皇に譲位している。道鏡が孝謙上皇と出会った際には、平城京改修のために近江の保良宮《ほらのみや》（現在の滋賀県大津市）に上皇、天皇共に居を遷していたのだが、孝謙上皇が病に倒れ、道鏡はそれを祈祷で治すよう命じられたのである。

孝謙上皇から溺愛される

道鏡はこのとき60歳を超えている（もう少し若かったという説もある）が、対する孝謙上皇は44歳。

上皇は、天皇に即位することが決まったときから夫を持たず子も作らず、また、父親の聖武天皇も母親の光明皇后もこの世になく、天涯孤独の身だった。

そこに親身になって看病してくれる道鏡が現れたことで、**上皇は彼に恋心を抱くようになる**。また、仏教に傾倒していた上皇は、道鏡を仏法の師として仰ぐようにもなった。

奈良市山陵町に建つ、道鏡を寵愛した孝謙上皇（称徳天皇）の陵墓。(©KENPEI and licensed for reuse under this Creative Commons Licence)

道鏡は長い修行を重ねて内道場入りを果たしたほどの学僧である。その法話は、上皇に感動を与え、孤独に苛まれていた上皇の寂しさを紛らす役目を果たしたのだろう。

しかも道鏡は、上皇の体の寂しさも慰めていたという説もあるほどで、上皇は道鏡を手放さなくなり、常に自分の近くに置くようになるのである。

そのころ、実際に政権を担当していたのは藤原仲麻呂だった。仲麻呂は光明皇后の甥に当たり、その後ろ楯に加え、即位したばかりの孝謙天皇の信頼を得て大納言に昇進。また、淳仁天皇を擁立したのも仲麻呂であり、760年には皇族以外で初めて大師（太政《だじょう》大臣）に任命されている。

仲麻呂は、あまりにも道鏡を厚遇する孝謙上皇を見かね、淳仁天皇を通じて関係を諫めようとした。

しかし、これに上皇は激怒し、さらに身の潔白を証明するために出家する。

こうして尼となった上皇だが、「帝（天皇）は祀りごとのみを行い、国家の大事、賞罰のふたつは朕（私）が行う」と宣言する。天皇を形だけのものとし、実権は自分が握ろうとしたのである。

これに対して仲麻呂は危機感を抱く。このままでは、淳仁天皇のもとで権力を握っていた自分に代わり、道鏡がそのポジションに就くことになってしまう。そこで仲麻呂は、謀反をもって政権を奪い返そうと試みた。「藤原仲麻呂の乱」である。

だが、この計画は密告によって発覚してしまう。それでも仲麻呂は軍勢を率いて乱を起こすものの、討伐軍によって駆逐され、琵琶湖を船で敗走中に斬殺されてしまう。さらに、淳仁天皇も淡路島に流され、その地で亡くなっている。

エスカレートしていく異例の抜擢

淳仁天皇を追放した孝謙上皇は、称徳天皇として再び天皇の地位に就いた。そして、意見する者も敵対する者もいなくなったため、道鏡に対する抜擢はますますエスカレートしていった。

「大臣禅師」という新しい官位を創設し、僧侶である道鏡に政治権力まで与え、７６５年には道鏡を太政大臣禅師に就任させる。さらに７６６年には、現在の奈良市にある隅寺から仏舎利（釈迦の遺骨）が現れたという報告がなされ、天皇はこれを吉兆とし、道鏡を**「法王」**にする。

こうして法王という称号を得た道鏡だが、法王についての具体的な権限は定められていなかった。しかし、月々の食料の量は天皇に準ずるとされていたので、天皇に近い地位であったことは間違いない。

また、政治は天皇が仕切り、宗教は法王が支配するという意味合いがあったとも言われている。

ともあれ、朝廷において多大なる影響力を持つことになった道鏡。そしてついに、彼が天皇の地位までをも手にする可能性が出てくる。

７６９年、道鏡の弟・弓削浄人《きよひと》の配下である太宰主神《だざいのかんづかさ》・習宜阿曾麻呂《すげのあそまろ》から、宇佐八幡宮（現在の大分県宇佐市）の、**「道鏡を天皇にすれば天下太平になる」**という神託（神のお告げ）が称徳天皇に届けられた。

加えて、天皇も側近の尼・法均（和気広虫《わけのひろむし》）を遣わすよう宇佐八幡神から求められる夢を見る。

しかし、法均は虚弱なため長旅は難しいことから、天皇は代わりに弟の和気清麻呂を派遣する。

だがこのとき、清麻呂が道鏡即位に反対する神託を大神から直接受け、それを天皇に報告したから大変である。

怒った天皇は清麻呂を**「別部穢麿呂《きたなまろ》」**に、法均は還俗（罪を犯した出家者が俗世に戻されること）のうえ**「別部狭虫《せまむし》」（もしくは広虫売《ひろむしめ》）**に改名させ、それぞれ大隅国（現在の鹿児島県）と備後国（現在の広島県）に配流してしまう。

このように法均・清麻呂姉弟を処分したものの、一応は神託を信じて道鏡の天皇即位を諦めた称徳天皇は、その翌年に崩御。これにより、道鏡の権威は貴族たちの反発もあってたちまちのうちに失墜し、道鏡は下野国《しもつけ》（現在の栃木県）に追われ、772年に没している。

判然としない道鏡の真意

さて、ここまでの内容で疑問を抱かれた方も多いかもしれないが、本書では道鏡の心情や行動よりも、称徳天皇（孝謙上皇）など、彼を取り巻く人々の動きを中心に記している。これは、本項の執筆に際して参考にした資料において、道鏡自身についての記述が少なかったというのが主な理由だ。

東京都千代田区大手町に建てられている、和気清麻呂像。天皇の怒りを買い、「別部穢麿呂」に改名させられてしまう。

道鏡や称徳天皇の時代には、主だった政策として、寺社を除いた一切の墾田私有を禁じたり、臣下の武器所有を禁じたり、巨大な寺院を造営させたりなど、仏教を中心とした政策が行われていた。

こうした仏教政策については道鏡の意向も強かっただろうが、それ以外については天皇や朝廷貴族の発案によるものと考えられる。

また、宇佐八幡神託事件のときも、道鏡は喜んだとされるが、それ以上の具体的な動きはほとんど記録にない。つまり、道鏡の権威は称徳天皇の寵愛によるもので、**彼自身が望んでいたかどうかは疑問**なのだ。

また、すでに触れたように天皇と道鏡の間には姦通があったとされ、その原因は「道鏡は座ると膝が3つでき」と言われるほど男性器が巨大であったためという噂もあるが、これは俗説のようだ。

その証拠に、姦通の罪を負っているのなら僧籍を剥奪されるはずなのに、道鏡は造下野薬師寺の別当（本官のある者が他の役職を兼ねる際の役職名）として赴任しており、失脚の際にも刑罰は科せられていない。

また、藤原仲麻呂や淳仁天皇、称徳天皇について記録されている「続日本紀《しょくにほんぎ》」が完成したのは797年。そのときの天皇は桓武天皇で、天智天皇の系統である。

一方、称徳天皇は天武系皇統最後の天皇であり、天智系皇統を正当化させるために、彼女に対して悪意のある記述がなされたとの説もある。

ただ、称徳天皇が道鏡を厚遇していたのは間違いなく、そう考えれば、道鏡という僧はこの君主に振り回され続けた、哀れな愛玩動物のような存在だったのかもしれない。

第4章
黒い大富豪

マリー・アントワネット
パブロ・エスコバル
フランシスコ・ピサロ
オサマ・ビンラディン
ジル・ド・レイ
デヴィッド・サッスーン

No.19
多くの迷言を残した悪意なき悪女
マリー・アントワネット
1755-1793
フランス

14歳でフランス王国に嫁ぐ

悪人は、自分が行っていることを悪事だと自覚しているとは限らない。そして、そんな悪意なき行為が人々を苦しめ、自身の破滅さえ招くことがある。

18世紀、革命の嵐が吹き荒れるフランス王国。国王ルイ16世の愛妻であり、革命によって断頭台（ギロチン）に消えた王妃、マリー・アントワネット。彼女もまた、**悪意なき悪人**の1人だった。

マリーは１７５５年、オーストリアのウィーンにて生まれた。母親はヨーロッパ中に名を馳せた女帝、マリア・テレジアで、マリーは女帝の娘らしく、幼いころから明朗活発で、類稀なる美貌を持っていた。しかし、その一方で非常にわがままな面もあり、１つのことに集中できない気まぐれ屋だったという。

さて、当時貴族に生まれた女性の役割と言えば、政略結婚だった。本人の意志とは関係なく、国や実家に一番都合のいい相手に嫁がせるのが基本だったのだ。

マリーもその例から漏れることなく、14歳という若さで嫁に出されることになる。その嫁ぎ先は、欧州列強国の1つ、フランス王室だった。

フランスとオーストリアは長年敵対関係にあったが、日に日に脅威を増し、両国を脅かしつつあるイギリスやドイツに対抗すべく、仕方なく同盟を結ぶ。マリーの嫁入りは、まさに同盟締結の証だった。

こうしてマリーは、フランスの次期国王・ルイ16世に嫁ぎ、次期王妃となる。そんな彼女を出迎えたのは、フランス国民や貴族たちの熱烈な歓迎と、豪華絢爛なベルサイユ宮殿だった。

通常なら、フランス王家の一員となる重圧を感じてもおかしくないが、まだ少女だったマリーの関心は、宮殿のきらびやかさのみに向いてしまった。そしてこのとき、彼女と国家に訪れる破滅への扉が静かに開かれたのである。

若き王妃の奔放すぎる生活

王妃は国王の妻として、常に威厳のある言動を心がけねばならない。他の貴族や民衆に

マリーの夫・ルイ16世（右）と浮気相手のフェルセン伯爵。

ナメられてはならないのだ。では、マリーはどうだったのか。残念ながら、彼女は**王妃としての義務をまったく理解していなかった**。

豪華な見た目とは裏腹に、宮殿での生活は娯楽の少ない退屈極まりないものだった。王妃とはいえマリーは14歳の少女。まだまだ遊びたい盛りである。

夜になれば彼女は宮殿を抜け出し、仲間と一緒にパリの街で遊び回った。時には演劇を楽しみ、時には仮面舞踏会で踊り、時には賭け事にも熱中した。

マリーは、夫をあまり愛していなかったとも言われる。ルイ16世は、温厚で人柄の良い誠実な人物だったそうだが、ルックスはさほど良くもなく、趣味も鍛冶場にこもっての錠前作りという内向的なもので、いささか男らしさには欠けていたようだ。

そんな中、夫に退屈したマリーは浮気に走る。相手はスウェーデンの貴公子、フェルセン伯爵だった。

夫と違いハンサムなフェルセンにマリーは心を奪われ、フェルセンも美しい姫君にすっかり夢中になる。それでも、王妃とねんごろになるのはまずいと思ったのか、フェルセンはスウェーデンに帰国してしまった。

王妃であることを忘れているかのような、こうした行為の数々について、側近はもちろん故郷の母親からも叱責を受けるマリー。マリーもその度に一応は反省するのだが、結局は元の木阿弥。また夜遊びに出かけるようになってしまうのである。

実際、浮気はフェルセンだけにとどまったが、夜遊びについては、１７７４年にルイ16世が正式に国王となった後も続けられ、完全に収まったのは結婚から7年後、子供が生まれた後だったという。

国家の危機にも無頓着

ルイ16世が国王に即位した際、フランスは長引く不況のせいで財政破綻寸前だった。そのため、普通なら、出費を切り詰め財政の再建に努めなければならないと誰もが思うだろうが、そんな現実など気にもせず、贅沢をやめないのがマリーという女性である。

正式に王妃となっても彼女の奔放さは治らなかった。いや、むしろひどくなったと言ってもいいほどだ。マリーは宝石やアクセサリーを惜しみなく購入し、職人に超高級ドレスを作らせる日々を送った。

さらに、政治面では人事にも口を挟み、**能力でなく自分の好き嫌いで重職を決定してしまう**有様。そして極めつけは、自分専用離宮「プチ・トリアノン」における振る舞いである。

ベルサイユから1キロほどの場所に建てられたこの宮殿では、彼女以外はたとえ国王であっても1人の客人とみなされ、周囲には広大な庭園や人工池が広がり、風車小屋に家畜小屋もあり、果ては農夫や牧畜農家を住まわせて本物の農村を再現している、まさにマリーのためだけの楽園だった。彼女は、ここで貴族や側近たちと共に舞踏会や演奏会を開き、自由気ままに過ごした。

一方で、この時期のフランス国民は大不況のあおりを受け、その日の食事もままならないような状態だった。パリは失業者で溢れ、民衆たちは重税や飢餓に苦しみ、泥棒や強盗に怯えながら暮らしていた。

それに対して、マリーは税金を湯水のように使って贅沢三昧。民衆の食べるパンがないと耳にしたマリーから、かの有名な言葉が飛び出した（と言われる）のはこの時期のことだ。

「パンがないならケーキを食べればいいじゃない」

このあまりに非常識な王妃に対して民衆は敬意を失い、「この赤字婦人」「卑しいオーストリア女め」などと、マリーを平然と罵るようになっていく。

しかし、この騒ぎを聞いたとき、彼女は溜息と共にこう言ったという。

「一体、私はあの人たちに何をしたというのでしょう?」

民衆からの罵声を浴びても、マリーは自らの悪行にまるで気づかなかったのである。

ギロチンに散った王妃

1789年、王国では、長引く財政危機を乗り越えるべく、聖職者、貴族、平民の代表者を集めた「三部会」が招集された。ところが、マリーが軍を動かし、介入したことによって会議は潰されてしまう。

この事件をもって、民衆の怒りはついに頂点に達し、暴動が起こってしまう。これがいわゆる「フランス革命」の始まりである。

政治犯収容所だったバスティーユ牢獄を攻め落とし、「王女を出せ!」と叫びながらベルサイユ宮殿へと押し寄せる民衆たち。貴族たちはマリーを見捨てて逃げ出し、彼女は孤立無援状態に陥ってしまう。

だが、マリーは逃げも隠れもせず、バルコニーに姿を現す。そしてなんと、怒れる民衆たちへ深々と頭を下げたのである。このまさかの謝罪で、一旦は民衆たちの怒りも静まり、とりあえずマリーはチュイルリー宮殿へと幽閉されることとなる。

ところが、その後がいけなかった。1791年、国王一家は幽閉先を脱出し、マリーの故郷・オーストリアへの亡命を企てたのだが、マリーが贅沢品を馬車に詰め込み過ぎて動きが遅く

ギロチンへと引き立てられるマリーの様子を描いた絵。

なったせいで、逃走劇は失敗に終わってしまう。

この最悪ともいえる裏切り行為に、王妃を見直しかけていた民衆や権力者も完全に王家を見限った。

そして１７９２年12月、議会投票の末に国王の処刑が決定。それから約10ヶ月後の１７９３年10月、ついにマリーもギロチンで処刑されることとなる。

刑場に現れた彼女は、長年の牢獄暮らしで見る影もなくやつれ、金髪は艶を失い、まるで白髪のようになっていた。そんなマリーの最期の言葉は、執行人の足を踏んでしまった際に言った**「ごめんなさいね」**だったと伝えられている。

マリーは、自ら悪意を持って他人を傷つけることはなかった。だが、あまりにも世間知らずな言動と奔放さによって悪意なき悪女となってしまったのである。

もしも彼女がもう少し王妃としての自覚を持ち、慎みのある行動を取れたならば、現在の評価もまた違ったものとなっただろう。

そういう意味では、マリー・アントワネットは「悲劇の王妃」とも言えるのかもしれない。

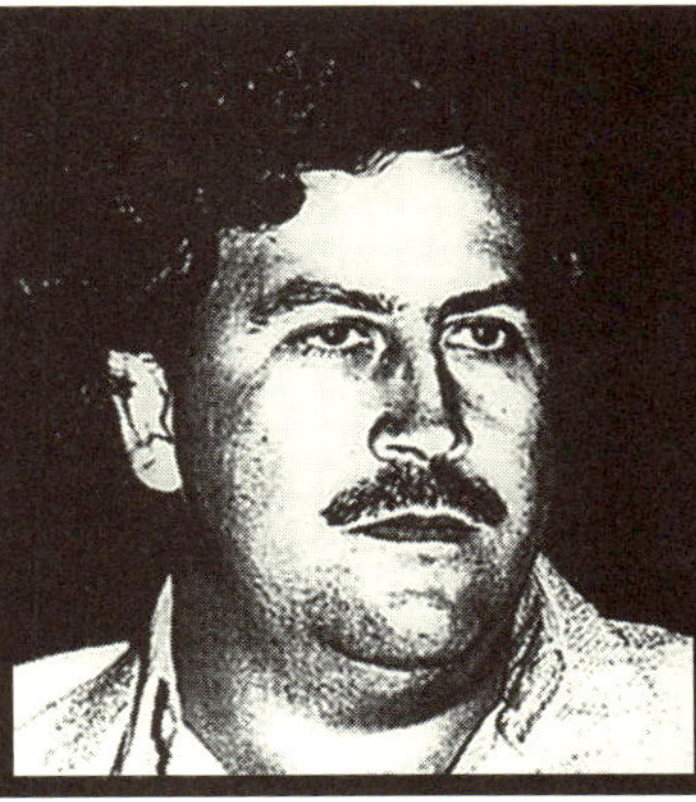

No.20

コロンビアが生んだ麻薬王 パブロ・エスコバル

1949-1993
コロンビア

麻薬密輸組織「メデジン・カルテル」

パブロ・エスコバル。彼は、コロンビアに「コカインの国」というダークなイメージを定着させた麻薬王にして、中南米が生んだ最大の犯罪者である。

エスコバルは、**麻薬密輸組織「メデジン・カルテル」のボス**として大規模な取引を行い、ついには「フォーブス」誌の長者番付でベストテンに名を連ねるほどの大富豪にのし上がった。

そして、本拠地であるコロンビアの都市メデジンに、政府も介入できないほどの「エスコバル王国」を作り上げる。

しかしこれは、敵対する組織やコカイン密輸の邪魔になる政治要人などを含め、数千人もの命をテロ、拷問、殺人で奪ったうえでの**黒い栄光**であり、その「王座」が長続きすることはなかった。

１９４９年、メデジンで生まれたエスコバルは、農園経営の父と教師の母を持ち、中流階級で育ったごく普通の優しい少年だった。

しかし、当時のコロンビアは国内経済の悪化から治安が乱れ、多くの青年が生活のため、犯罪に手を染めていた。

エスコバルも彼らと同様に、10代から自動車窃盗などを行い、強盗、誘拐、殺人などの罪を犯し、裏の社会で名を上げていく。

そしてコカイン取引が金になると知り、自ら麻薬密輸組織「メデジン・カルテル」を結成したのである。

その後の１９７６年、エスコバルは39キロものコカインの所有が原因で逮捕されてしまう。この時点ではまだ、「ＤＡＳ」（コロンビアにおけるＦＢＩのような組織）は、エスコバルを単なる運び屋程度にしか見ていなかったのだが、事態は急変する。

なぜかエスコバルの逮捕はすぐに取り消されて釈放。そしてこの後、**彼を逮捕した警官、新聞に記事を書いた記者、逮捕を命じた裁判官が次々と遺体で見つかった**のだ。

実は、コカインの密輸によってエスコバルの権力は警察に対抗できるほどにまで膨らんでいたのだが、ＤＡＳはこの事件で初めて「パブロ・エスコバルは危険人物である」と認識するに至ったのである。

民間人を巻き込んだ「麻薬戦争」

エスコバルが率いる麻薬密輸組織「メデジン・カルテル」は、ペルーやボリビアで栽培したコカの葉から抽出したコカインをコロンビア国内で精製し、アメリカに輸出するというシンプルな手順で、１９８０年代には数十億ドルを稼ぎ出す大組織へと成長した。最盛期には、なんと**世界のコカイン市場の80%を支配**し、その収入は年間２５０億ドルにも上ったと言われている。

この組織の本拠地であるメデジンでは、市民のほとんどがコカイン密輸やエスコバルの事業に何らかの形で関わり、政府よりもエスコバルを尊重するという「無法状態」になり果てていた。

エスコバルが栄華を極めた当時のコロンビア情勢は、「メデジン・カルテル」以外にも多くの麻薬カルテルが存在し、さらには共産ゲリラも暴れ回るという最悪の状況で、街では頻繁に銃撃戦が繰り広げられ、道に血まみれの遺体がゴロゴロと転がる始末。

こうした荒れ放題の状態を政府はもちろん憂慮していたが、エスコバルたちが密売するコカインが国の利益を潤していたことも事実であり、なかなか規制することができなかった。

しかし、エスコバル一派がコカインを大量に運ぶことで、麻薬中毒者が増え続けるアメリカがついに痺れを切らし、麻薬組織にやられ放題のコロンビア政府に圧力をかける。そし

エスコバルによって暗殺されたララ法務大臣（右）と、ガラン上院議員。（ララ画像引用元：「Periódico El Turbión」【http://elturbion.modep.org/drupal/】）（ガラン：©Copyright El Tiempo and licensed for reuse under this Creative Commons Licence）

てコロンビア政府は、アメリカから武器や資金の援助を受け、ついに麻薬撲滅政策を打ち出したのである。

これに対して、エスコバルは全面対決を宣言し、その財力と残忍性をいかんなく奮った。政府と反カルテル派には容赦のない恐喝や暗殺を繰り返し、1984年には麻薬撲滅政策の最高責任者だったララ法務大臣を暗殺。

さらに1989年には麻薬組織の徹底対決姿勢を打ち出した、大統領最有力候補のガラン上院議員までも暗殺し、これにより政府対カルテルの戦いは激化していく。

「メデジン・カルテル」は、**バズーカ砲でのアメリカ大使館攻撃、航空機ハイジャック、新聞社や銀行への大規模なテロ**など、マフィアの域を超えた殺戮と破壊工作を続け、多くの民間人もその犠牲になった。

この4年にわたる戦いは「麻薬戦争」と呼ばれ、エスコバルはこれにより、コロンビア政府、アメリカ、ライバルの麻薬組織から追われる身となってしまったのである。

「快適な」刑務所生活

身の危険を悟ったエスコバルは、前代未聞の策を打ち出した。なんと、メデジン郊外に、**自分専用の豪華な刑務所を建設してから自首した**のだ。

エスコバルが収監されていた刑務所。「刑務所」とは到底呼べないような、豪華な内装になっている。（写真引用元：「パブロを殺せ 史上最悪の麻薬王 VS コロンビア、アメリカ特殊部隊」）

さらには当時の大統領だったガビリアに対し、収監の条件として「身柄をアメリカへ引き渡さないこと」を提示する傲慢さまで見せた。

そもそも、エスコバルは刑務所で罪を反省する気など毛頭なかった。買い物やパーティ、サッカー観戦などを自由に楽しみ、時には手下に電話をかけることもあり、**麻薬密売や殺人の指示まで出していた**という。

しかし、アメリカが彼の身柄を要求しており、それをかぎつけたエスコバルは刑務所という名の「別荘」を脱走。その後は、メデジンを転々と逃げ回る日々を送る。

だが、エスコバルの悪運も尽きようとしていた。

治安部隊の手で射殺されたエスコバル（中央に横たわっているのが遺体）。

１９９３年12月、ついにコロンビア当局は、エスコバルが家族に電話をかけているところの逆探知に成功。もはや警察も、彼を逮捕などという生ぬるい方法で裁くつもりはなかった。

「パブロを殺せ」

治安部隊はエスコバルの頭に銃弾を打ち込み、今世紀最大の麻薬王は、ついに44歳でその生涯を閉じたのである。

エスコバルの死後は、彼に恨みを持つ人々により構成された「ロス・ペペス」（パブロ・エスコバルに迫害された者たち）という名の武装組織が、エスコバル一族や手下たちを３００人以上殺害。さらに、ライバルの「カリ・カルテル」や警察の襲撃により、彼が残した負の遺産「メデジン・カルテル」は壊滅したのだった。

エスコバルは天使か悪魔か

コロンビアという国を殺戮とコカインで汚した「悪の象徴」と言っても過言ではないエス

コバルだが、一方で彼は、膨大な財産をメデジン地区のために惜しみなく使う**「天使」**の側面も持っていた。

市内の住宅建設や道路整備、サッカーグラウンドの建設。さらには恵まれない子供たちにおもちゃを買い無料で配布するなど、貧困層への慈善事業を熱心に行っていたのである。

それゆえ、メデジン地区の市民の中には、エスコバルを未だに英雄として称える者も少なくない。実際、エスコバルの逃走時期には、多くのメデジン市民たちは進んで彼をかくまったと言われ、また、彼の葬儀には３０００人の市民が参列したことからも、支持の強さがうかがえる。

「パブロ・エスコバル　天使か悪魔か？」というコロンビアのドキュメンタリー映画は、そんなエスコバルの二面性がテーマだが、彼を崇拝する人々のうっとりとした笑顔と、彼に身内を殺された遺族たちから滲み出る強い嫌悪感との差は、とても同じ人物に対する評価とは思えないほどだ。

ところで、コロンビアは現在なお混沌のさなかにある。大規模な麻薬カルテルはなくなったものの、小さな密輸組織がいくつも沸き出ては「第二のエスコバル」を目指すギャングたちが続出。コカインを密売し、治安部隊との攻防戦を繰り広げているという現状なのである。

No.21 インカ帝国を滅ぼした「神の使い」 フランシスコ・ピサロ

1478?-1541
スペイン

コンキスタドール

15世紀から17世紀のアメリカ大陸においては、ある**スペイン人集団による大規模な虐殺**が繰り返されていた。

彼らは「コンキスタドール」と呼ばれるアメリカ大陸の征服者または探検家であり、中でも、最も悪名高いのが、ペルーのインカ帝国を侵略したフランシスコ・ピサロである。

ピサロの生い立ちについては、はっきりしない点が多い。というのも、彼は文盲だったようで、自ら残した記録がほぼ皆無だからだ。

その誕生は１４７８年ごろで、「貧乏な豚買い」「下流貴族の私生児」など複数の説はあるものの、これらのどれ１つとして根拠はない。謎の多い人物なのである。

しかし逆に言えば、16世紀初めのスペインは、出自もはっきりしない彼のような男であっても、一攫千金の野心を持ち、冒険をすることが可能な時代でもあったということだ。

これは、１４９２年にコロンブスがアメリカ大陸を発見したことで、スペインが「新大陸ブーム」に沸いていたことにも起因する。

そんな中、ピサロは三度の航海経験を経た後、ある程度の財産を築いてパナマに腰を落ち着けるが、それで満足したわけではなかった。

さらに、彼の野望を煽るかのように、同じコンキスタドールであるエルナン・コルテスが、アステカ帝国を滅ぼし、莫大な財宝を手に入れたということを知る。

「次は私だ」

こうして、本格的に自分だけの黄金郷探しに乗り出したピサロはついに、ペルーにインカ帝国という豊かな国があるという情報をつかんだのだった。

徹底した実践主義だった彼は、インカ帝国から確実に略奪すべく、コンキスタドールのアルマグロ、さらに司祭のルーケと手を組み、なんと7年もの期間をかけて軍資金を集め、加えてインカ帝国の政治情勢の情報を収集した。

その後、一時故郷のスペインに帰国し、スペイン王室から**「南方の王国を征服する許可」**を取りつけたのである。

約束を反故にしてインカ皇帝を処刑

1530年、ピサロは約180人のスペイン人を率いて、黄金の国・インカ帝国に向けて出発したのだが、この道中の村々で、すでに彼らは殺人や強姦、略奪を繰り返している。まるでそれが「許されている当然の行い」であるかのように。

というのも、このころのスペインでは熱烈なカトリック信者による異端・異教徒の弾圧思想が浸透しており、ピサロをはじめとするスペイン人の多くは、**先住民に対して「人間」という感覚すら持っていなかった**のだ。

このようにして、ピサロ軍はまさに強盗団さながら、インカ帝国の首都に向けて攻め上がっていった。

そして1532年、ピサロ一行が到着した当時のインカ帝国では、皇帝・ワスカルとその異母兄弟であるアタワルパの王位継承問題による内乱が起こり、アタワルパが帝位を奪った直後の不安定な状態に陥っていた。

ピサロ軍にとってはまさに好都合である。ピサロは、即位間もない新皇帝・アタワルパに対し、「われわれは、キリスト教を広めるための平和使節である。布教のために協力してほしい」という内容の謁見願いの書簡を届けた。

これに応じたアタワルパは、異国からきた少人数の一行をナメてかかっていたのか、自国が擁する3万の兵に武器を持たせない状態で、ピサロたちを出迎えた。

そして、ピサロ側の宣教師がアタワルパに聖書を渡し、キリスト教への改宗を進める。しかし、外国の文字を読めないアタワルパが興味を示すはずもなく、ページを数枚めくっただけで聖書を放り投げてしまった。

この展開は、ピサロの思惑通りのものだった。ピサロは、待ってましたとばかりにアタワルパの行為を「神への冒涜」と指摘し、広場に結集していた無防備なアタワルパの兵に対し、一斉に銃弾や矢を打ち込ませたのである。

こうした卑怯な手口により、わずか30分という短時間でピサロ軍が勝利。アタワルパを捕虜として独房に閉じ込めた。そしてピサロは、「この独房を黄金で手の届くまで一杯にすれば釈放してやる」と約束する。

ところが、独房を黄金で一杯にしたにもかかわらず、**ピサロは約束を破り、アタワルパを処刑**する。それだけでなく、ピサロは処刑寸前のアタワルパをキリスト教に改宗させ、「フランシスコ」という洗礼名まで与えている。

死に追い込んだ人物の処刑直前に、自身の信

ピサロに裏切られたうえ処刑されたインカ帝国の皇帝・アタワルパ。

じる宗教への改宗を強要する不気味さ。このようなピサロの狂気は、続いて一般民衆たちにも向けられることとなる。

インディオたちを次々に虐殺

アタワルパの処刑後、ピサロが傀儡として立てた皇帝が急死する。その後は邪魔な皇族を立て続けに殺し、インカ帝国を破壊していく。

ピサロとその兵たちが抱く黄金への欲、そしてタガの外れた殺意は勢いを増す一方で、彼らは次々に略奪や殺人、強姦を続けていった。

しかもこれらの蛮行は、**「自分たちは神の使い」という誇りを持ったまま行われた**のである。

朝の神への祈りは忘れない。ただし、その数分後には、インディオ（先住民）を鉄球に縛りつけて下から火で何日も炙り続ける、幼い子供を槍で突き刺す、あるいは赤ん坊の足を持って岩に頭を叩きつけるなど、暴虐の限りを尽くした。

また、時にはインディオたちを一ヶ所に閉じ込め、剣や槍で彼らを突き殺したり、一太刀で体を2つに切断できるかどうかという賭けをしたりもしたと言われている。

その結果、宗教のためでも国家建設のためでもなく、ピサロの「金儲け」のため、

５０００人以上の非暴力、無抵抗のインディオが虐殺され、高度な文明を誇ったインカ帝国は滅亡したのだった。

キリスト教の批判材料になる

しかし因果は巡り、今度はピサロとその部下たちの間で、手に入れた財産を巡って醜い仲間争いが勃発する。

ピサロの部下と、もとは腹心であったアルマグロとの間で内戦が起こり、アルマグロは敗れて処刑される。しかしその後、アルマグロ派の残党の手により、ピサロは暗殺されてしまった。

死の直前、ピサロは手で十字架を作り、それに接吻をしたという。自らの欲にために一国を滅ぼした罪さえも、神は許してくれると思ったのだろうか。

ただ、繰り返しになるが、このような行為はピサロ１人だけが行ったわけではない。すべてのコンキスタドールたちは、黄金のためなら、こうした蛮行を犯すことをまったく厭わなかったのである。

アメリカ大陸が発見された１４９２年からわずか40年の間で、彼らのような征服者によって虐殺された先住民は、なんと**１２００～１５００万人**に上ると言われている。

スペイン出身の宣教師、ラス・カサス。ピサロなどのコンキスタドールと同時期に新大陸に渡っていた彼は、同大陸におけるコンキスタドールの暴虐行為についての報告書を記した。

ピサロと同時期にキリスト教の宣教師として新大陸に渡っていたラス・カサスは、これらの暴虐行為を告発すべく報告書を作成した。

この報告書は「インディアスの破壊についての簡潔な報告」として書籍化されているので現在でも読むことができるが、綴られている内容は、読むのが嫌になるような身勝手な拷問と殺戮の連続だ。

ピサロが行った虐殺と強奪の数々は、当時の思想が「そういう傾向」であり、時代のせいであったとも言える。

だが、自らの欲を満たすため宗教を看板にし、国・文化・人を滅ぼしたピサロの行為は、そんな一言で片付けるにはあまりにも残酷で、現在も**キリスト教に対しての批判材料**として必ず取り上げられるなど、大きな波紋を残しているのである。

No.22

数々のテロを支援したイスラム原理主義者

オサマ・ビンラディン

1957?-2011
サウジアラビア

（画像引用元：「NYDaily News.com DAILY NEWS」【http://www.nydailynews.com/index.html】）

巨額の資産を受け継いだ大富豪

２００１年９月11日、**アメリカ同時多発テロ**が勃発。航空機が世界貿易センタービルに激突する様子を、今でもよく覚えている人も多いだろう。

およそ３０００人の犠牲者が出たこの事件を起こしたのは国際テロ組織「アルカイダ」で、首謀者とされるのがオサマ・ビンラディンだ。

彼は「イスラム原理主義者」であり、ジハード（聖戦）によってイスラム教を広め、アメリカをはじめとする、欧米国の駆逐を目指す過激派テロリストでもあった。

ビンラディンは１９５７年（１９５８年説もあり）にサウジアラビアのリヤドに生まれ、建設業を営む父は、サウジアラビアの王族との強いつながりも持つ、膨大な資産を築き上げた人物だった。

そんな大富豪の息子として成長していったビン

ラディンは、1970年に父が死亡すると、推定で**3億ドルもの遺産を相続**する。

その後彼は、サウジアラビア最高位の大学に進み、大金持ちのボンボンらしく、当時「中東のパリ」と呼ばれたレバノンの首都ベイルートの歓楽街に夜な夜な出かけては、湯水のように金を使う生活を送るようになる。バーやナイトクラブ、カジノで遊び、時には高級娼婦を買うこともあったという。

原理主義者の味方だったCIA

1973年、第4次中東戦争でアラブ諸国はイスラエルに敗北。そして1975年、ベイルートはキリスト教徒とイスラム教徒による内乱で荒廃する。

同年、サウジアラビアのファイサル国王が、アメリカへの留学経験を持ち、卒業後もほぼヨーロッパで暮らしていた甥のムサエド王子に暗殺された。

イスラム原理主義者たちは、ムサエド王子が欧米の悪徳に染まっていたと考え、ベイルートが荒廃したのも街と住人が享楽的だったからと論じ、さらに、イスラエルを支援するアメリカにも敵意を向ける。

またこのころ、神の声を聞き、それまでの放蕩な生活から敬虔なイスラム教徒へ変わったとされるビンラディンは、原理主義に出合い同調していた。

そして1979年、イラン革命によってアメリカと交友関係にあったパーレビ国王が追放され、原理主義の宗教指導者ホメイニ師がイラン・イスラム共和国の最高指導者となると、イスラム原理主義者、特に過激派は活気づき、ビンラディンは過激派の一員としてその後の人生を歩むことになる。

また、同じく1979年には、ソ連が突然アフガニスタンに侵攻を始める。アフガニスタンはもともとイスラム教の国であったため、これに怒りを覚えた過激派原理主義者たちは次々とアフガニスタン入りし、ジハードとしてソ連にゲリラ攻撃を仕掛けた。

このとき、ビンラディンはアフガニスタンではなく、パキスタンに向かっている。パキスタンは、アフガニスタンと国境を接するイスラム教国家だ。ビンラディンはここで、アフガニスタンにジハードの戦士を送り込むための事務所を構えたのである。

それと同時に、集まった人々に軍事技術を教えるためのキャンプを数ヶ所開設。豊富な財産を対ソ戦のために使い、また、兵士志願者だけでなく、医師や軍事戦略家、技術者なども呼び寄せた。

そんなイスラム聖戦士（ムジャヒディン）たちを、イスラム教の国々や組織も積極的に支援した。

パキスタンは軍統合情報局（ＩＳＩ）が中心となって支援し、さらに、当時ソ連と冷戦状態にあったアメリカも支援を開始。年間6億3000万ドルもの援助金を供出し、最新兵

ＣＩＡも支援した、ムジャヒディンの戦士たち。（©Erwin Franzen and licensed for reuse under this Creative Commons Licence）

器も提供した。

加えて、**アメリカ中央情報局（ＣＩＡ）が、ＩＳＩと共にムジャヒディンに訓練を施す**。このときの組織が、後の「アルカイダ」へと発展していくのである。

世界中のイスラム過激派を支援

アフガニスタンにおけるビンラディンは、決して後方支援に回っていただけではなく、誰よりも勇敢で、真っ先に前に進んで戦ったと言われている。

それにより、ビンラディンは単なるパトロンではなく、ムジャヒディンたちと共に戦う同士として英雄視されていくことになる。

その後１９８９年2月、ついにソ連はアフガニスタンから撤退した。それと同時に、アメリカもムジャヒディンたちを支援する意味がなくなり、アフガニスタンから手を引いた。

こうして、ムジャヒディンたちはビンラディンを中心として、ジハードの矛先を他の地域へ向けるべく、「アルカイダ」を創設することとなった。

アフガニスタンで英雄となったビンラディンは、サウジアラビアに帰国し、各地のモスクで演説をするようになり、反米を訴えた。

しかし１９９０年、イラクがクウェートに侵攻すると、サウジアラビアは次の目標は自国ではないかと恐れ、ブッシュ米大統領（41代）の圧力もあり、アメリカ軍の駐留を許可した。これに激昂したビンラディンは、サウジアラビアを去りスーダンに移る。

スーダンにおいて、ビンラディンは自ら事業を起こして資金を安定させ、また、原理主義指導者や原理主義に理解のある国々の金融機関と手を組んでネットワークを広げ、**世界各地のイスラム過激派を支援するようになる。**

例えば、ユーゴスラビア紛争の際には、ボスニア・ヘルツェゴビナのイスラムテロリストに多額の資金を融通し、また、ソマリアでは人道支援目的で入国したアメリカ軍と国連部隊に対し、駐留目的だと判断しテロ攻撃で追い返すなどの行動を起こした。

そして１９９４年、ソマリアの一件に対し、アメリカがビンラディンの処遇についてサウジアラビアに圧力をかけたため、サウジアラビア政府はビンラディンの国籍を剥奪し、逮捕状も出る。

さらに、サウジアラビア王家はスーダンにいるビンラディンを暗殺しようとするも失敗。しかし、その後彼はスーダンを追われ、アフガニスタンに新天地を求める。

ここでビンラディンはイスラム原理主義者たちによる武装集団・タリバンから厚遇を受

2001年9月11日に起こされたアメリカ同時多発テロで、炎上する世界貿易センタービル。

け、再びテロ作戦を展開する。そして、アルカイダのメンバーを使い、2001年に「9・11」の事件が起こされたのだった。

特殊部隊の手により射殺

20世紀の終わりから21世紀の始まりにかけて、世界中のイスラム過激派の支持を受け、数々のテロ行為を支援してきたオサマ・ビンラディン。

だが、前述の通り、**最初に彼を支援したのはパキスタンとアメリカであり、彼の手足となって働くゲリラ兵を育て、兵器を与えたのもアメリカだった。**

ソ連の領土拡大阻止という目的はあったにせよ、「アルカイダ」というテロ組織の素地を作ったのは、後に標的となるアメリカ以外の何者でもないのだ。

また、ビンラディンに力を貸した国は出身国であるサウジアラビアなど、アメリカの他にもあり、彼はそれをうまく利用した。

そして、ビンラディンはほとんどの原理主義指導者からの信頼を得て、多くのテロリストを育成し、さらに、ジハードの名目で簡単に命を投げ出す人間を多数作ってきたのである。

このまま順調にいけば、夢に見た世界イスラム革命も可能だとビンラディンは思っていたかもしれない。

だが、歴史はそれを許さなかった。

２００1年10月、アメリカはビンラディン他、アルカイダ関係者を引き渡すようタリバンに要求し、タリバンがそれを拒否すると、アメリカを中心とする多国籍軍は10月７日にアフガニスタンへの空爆を開始する。こうして、タリバンは崩壊することとなった。

このタリバンの崩壊後、長くビンラディンの消息は分からず、一時は死亡説も流れていた。

しかし、２０１1年5月、アメリカ海軍の特殊部隊「ネイビーシールズ」が、ビンラディンの潜伏していたパキスタン・アボッターバードの豪邸を急襲した。

そして、銃撃戦の末、ビンラディンは頭部と胸部を撃たれて死亡したとされている。

なお、武器を持たなかったビンラディンは、この際無抵抗だったという。

No.23

心の支えと共に正気をも失った貴族

ジル・ド・レイ

1404-1440
フランス

聖女を守護した気高き貴族

１３３７年から１４５３年までフランス王国とイングランド王国が争った「百年戦争」において、戦場を駆け抜けフランスの窮地を救った聖女、ジャンヌ・ダルク。そんな彼女を心の底から敬愛し、付き従った騎士がジル・ド・レイだ。

彼は西フランスに広大な領地を有する大貴族で、経済力では国王に勝るとも劣らず、騎士としての力も折り紙つき。また、百年戦争においても自らの軍を率いて各地を転戦し、まさにフランスでも指折りの逸材だった。

ジルがジャンヌと出会ったのは、１４２９年、オルレアンでのことだった。戦旗を振るい、白馬にまたがり敵陣に切り込むジャンヌの凛々しい姿を見たジルは、一瞬にして心を奪われた。

キリスト教徒としても信心深かったジルは、このように思ったに違いない。

「彼女こそが、天から舞い降りた聖女なのだ」

こうしてジャンヌを心から愛してしまったジルは、長年連れ添った妻と別居し、ジャンヌの盟友として共に戦場を駆けた。

共に敵陣へ切り込み、傷ついては血を流し、それでもジャンヌを守護する姿は、まさに騎士の中の騎士。２人は短期間の中で数々の武勇を残していく。

その結果、功績が王に認められ、ジルは元帥の称号を授かり、家紋に王家の証である百合の紋章を使うことを許される。そしてジャンヌもまた、救国の英雄としてフランス中の人々に崇められた。

だが、２人の栄光は唐突に終わりを告げる。１４３０年、コンピエーニュの戦いに敗北したジャンヌはイングランド軍に捕らえられ、それから1年後に敵国の手で処刑された。

しかも、ただ殺されたのではない。宗教裁判にかけられ、神の啓示を否定され、魔女の烙印を押されて**火炙りの刑**に処されたのだ。加えて、炎は体が完全な灰になるまで消されることはなく、最終的に川に流されるという徹底ぶりだった。

このジャンヌの無残な最期に、ジルは大きなショックを受けた。最愛の聖女が、すべてを否定されたうえで魔女として焼き殺されたのだ。

この出来事は、彼の愛と信仰心のすべてが否定されたに等しかったことだろう。

ジャンヌ・ダルクが火炙りに処される様子を描いた絵。ジルは、彼女の処刑以降、人が変わっていく。

そしてジャンヌの処刑から3年後、ジルは軍を引退して故郷に引きこもる。ジャンヌを失い、悲しみに沈んだジルの心は静かに、だが確実に歪み始めていく。

空虚を埋めるための散財

故郷へと帰ったジルは、あり余る財産を使って欧州中から財宝を集めた。

最高の楽器を集めて毎夜のように盛大な宴を開いた。さらに帰国から1年後には、ジャンヌと初めて出会った思い出の場所、オルレアンにて演劇を上演した。

また、城に大勢の音楽家や歌手を呼び寄せ、オルレアン攻防戦を題材にしたその劇には、総勢140人もの一流役者を揃え、巨大な舞台や衣裳、小道具のすべてに本物の金銀財宝を使用。おまけに、それらは公演の度に新調されるという徹底ぶり。莫大な財産を湯水のように使い、ジルは自分とジャンヌの戦いを1週間にわたり上演させたのである。

しかし、どんなことをしてもジルの心の隙間が埋まることはなかった。どれだけ財宝を集めようとも、本当にほしいものは二度と手に入らない。あの日々をどれだけ完璧に再現させても、ジャンヌと過ごしたころに戻ることはできない。

空虚と孤独をごまかすように散財を続けていくうち、ジルはフランス随一と呼ばれた財産をわずか数年で使い果たしてしまった。

さらには莫大な借金まで抱え、領地や屋敷を売り払っても返済できず、すべてを失いかけたジルは、銅や鉄、あるいは鉛などの卑金属から金を作り出すという「錬金術」に着手する。

もともとジルは錬金術に興味があったのだが、それはあくまで趣味の領域だった。ところが、借金のせいで首が回らなくなり、もはやこれに賭けるしかなくなったのである。

とはいえ、当然ながら何度実験を繰り返しても、金はおろか鉄くずさえも作り出せない。

焦ったジルは、ついに最後の手段に出る。

かつては敬虔なキリスト教徒だったジルが頼ったもの――それは、**「悪魔」**であった。

聖女の守護者から虐殺者へ

悪魔を召還するためにジルが選んだ方法は、なんと少年の心臓を生贄に差し出すというものだった。**ジルは領民の子供をさらっては城に連れ込み、心臓をえぐり取って黒魔術師たちと召還の儀式を行った。**だが、もちろん悪魔など現れるはずがない。

それでもジルは、破滅から逃れたい一心で少年をさらっては殺し、さらっては殺しという行為を続けていくうちに、いつしか少年の悲鳴や息絶える瞬間そのものに快楽を覚えるようになる。

そして、もはや儀式とは関係なく、己の欲望のために少年を虐殺するようになっていったのである。

ジルは、さらってきた子供を自室に連れ込み、様々な手段で殺害した。短剣で首筋をゆっくりと切り裂き、吹き出た鮮血を体中に浴びては喜びに狂いもだえ、**死ぬ瞬間の子供の腹に男性器を擦りつけて射精するなどの異常行為を繰り返した。**

また、楽しみながら殺し続けるために、あらゆる殺害道具も揃えた。短剣から始まり、首切りナイフ、首吊りのためのロープと滑車、遺体を処分するための焼却炉。これらを使って少年を残酷に殺すことが、ジルの新しい生きがいになってしまったのである。

加えてジルは、虐殺した子供の首をコレクションすることも趣味にしていた。こうしてジルが殺した子供たちは、ざっと**500人以上**を数える。

そんな日々を送るうちに、ジャンヌへの思いもどこかに消え去っていた。ジルはもう、聖女の守護騎士などではなかった。

自らの悦楽のために殺戮を続ける姿は、まさに血に飢えた悪魔そのものだった。

遅過ぎた懺悔

そんなジルにも、やがて裁きのときが訪れる。少年連続失踪事件の噂が教会の耳に入り、調査の末にジルの犯行だと判明。大司教に率いられた軍に城に押し入られ、ジルは逮捕されることとなった。

その後、１ヶ月もの間行われた裁判では、召使や家臣たちによって、ジルの残虐極まる行為が次々と暴露された。それはまさに、この世のありとあらゆる非道をかき集めたような凄惨な告発劇だった。

例えば、ある召使はこのような証言をした。その召使は、ある日「相談がある」とジルの部屋に呼び出されたのだが、部屋に入った瞬間、召使はあまりのおぞましさに息を呑んだ。そこには、無数の生首の前で悩んでいるジルの姿があったからだ。冷や汗を流しながらもできるだけ平然を装い、何の用かと尋ねてみると、ジルは眉を寄せてこう言った。

「君はこの子たちの中で誰が一番美しいと思う？」

そしてジルは、一番だとされた首を腐敗するまで側に置き、眺めたり話しかけたりしては、何度もキスを繰り返したという。

ジルに下った判決はむろん有罪。虐殺、死体陵辱、悪魔崇拝、神への冒涜の罪により、領地没収のうえ、教会からの破門と死刑を言い渡された。

シャルル・ペローの童話「青ひげ」の挿し絵。この怪人は、ジル・ド・レイがモデルだと言われている。

判決を聞いたジルは跪き、恥も外聞もなく泣きながら慈悲を求めた。だが、もちろん罪が許されるはずもなく、一度は聖女と共に戦った騎士、ジル・ド・レイは、群衆の前で公開処刑を執行された。その死体は、炎で焼かれてから埋葬されたと言われている。

誇り高き騎士でありながら、忠誠を誓った聖女を失ったことで狂気に目覚め、挙げ句の果てには虐殺者としてその名を歴史に刻んだジル・ド・レイ。

その死後、あのマルキ・ド・サド侯爵から敬愛され、また、童話に登場する怪人「青ひげ」のモデルにもなった。

しかし、ジャンヌ・ダルクさえ殺されなければ、ジルは虐殺者にはならなかっただろうという声は未だに根強い。もしもジャンヌが生き続けていたならば、ジルは「聖女を守り続けた聖騎士」として現代に語り継がれていたかもしれない。

No.24

アヘンで巨万の富を築いた大商人

デヴィッド・サッスーン

1792-1864
バグダッド

恐怖の麻薬・アヘン

アヘン（阿片）とは、ケシの実に傷をつけ、そこからにじみ出た乳液から作られる物質のことだ。かつては、主に麻酔薬として使用されていたが、中国では1600年ごろから「嗜好品」として、タバコのようにキセルで吸うのが流行した。アヘンを吸い続ければ中毒になり、やがて廃人になってしまうにもかかわらず――。

このアヘンを大量に中国（当時は「清」）に流した元凶がイギリスである。大量の紅茶を仕入れることで、清に対する借金を抱えていたイギリスは、1773年からインドでのアヘン専売権を武力で獲得し、東インド会社を通じて清にアヘンを売りつけるという**「麻薬貿易」**によって、その差額を埋めようとしたのである。

そして19世紀になると、さらにこの流れを加速

アヘンを吸引する中国人（1900 年撮影の写真）。

させるキーマンが登場する。

それが、ユダヤ商人のデヴィッド・サッスーンだ。

その「商才」は素晴らしく、彼の手腕により、清は**人口の10%がアヘン吸飲者**という、中毒者だらけの国へと堕ちていくのだった。

デヴィッド・サッスーンは、１７９２年にユダヤの富豪一族として生まれ、バグダッドで裕福な暮らしを送っていた。

ところが、１８３０年からバグダッド総督がユダヤ人を追放し始めたため、ペルシアへ逃れることに。これが彼とアヘンを引き合わせるきっかけとなった。

当時、戦争状態にあったペルシアにおいて、特産品だったアヘンは、取引が止まったことにより底値になっていた。サッスーンはこれに目をつけてアヘンを購入。さらには、生産途中のものまで予約する。

すると、予約分が収穫されるころにちょうど戦争が終わり、アヘンの値段は再び高騰。すでにこの時点で、サッスーンが巨額の富を得ることは約束されたも同然だった。

三角貿易とアヘン戦争

１８３２年、サッスーンはアヘンを売り捌くべく、発展の時期を迎えていたインドのボンベイに移住したのだが、同時期に、イギリスによる東インド会社の貿易独占が廃止された。まさにビジネスチャンスが目の前にぶらさがったようなラッキーな状況の中、サッスーンは東インド会社からアヘンの専売権を獲得し、「サッスーン商会」を創設する。

この当時、イギリスの綿製品はインドに、インドのアヘンは清に流入するという「アジア三角貿易」が形成されていた。サッスーンもこの流れに乗るため、東アジアに注目する。

彼はインドと清を頻繁に行き来し、１８３７年には、清にあった外国の商社39社の中でも、同じくアヘン業者だった「ジャーディン・マセソン商会」と並び、二大商社として名を馳せるほどに、サッスーン商会を成長させたのだった。

そして清ではアヘンは銀の４倍もの値段がついていたにもかかわらず、「富裕層の遊び」として流行し、ウィルスのごとくジワジワと国を蝕んでいった。

だがそんな中、事件が起きる。１８４０年、アヘンによる荒廃を危惧した当時の湖広総督・林則徐が、外国商人の持っていたアヘン１２００トンを没収し、焼却処分を行ったのだ。

これに怒ったイギリス商人たちとの紛争が拡大し、イギリスと清との間で、**「アヘン戦争」**が勃発してしまったのである。

儲けはアヘン中毒者数に比例

1842年、アヘン戦争に敗北した清は、「南京条約」と呼ばれる、処分したアヘンの賠償金2100万ドルの支払いなど、不平等な条約を飲まなければならなくなってしまう。この不平等条約の1つである「上海など5港の開港」が、イギリスなどといった列国の清侵略の決定的なきっかけとなる。

そしてサッスーンもまた、いち早くこの条約を利用し、1845年に「サッスーン（沙遜）洋行」の名で、上海の目抜き通り（現在の江西路と九江路の交差点）に支店を開いたのである。ここでサッスーンは、なんと上海のアヘン貿易の20％をも占める大取引に携わることとなった。そこで、急いで14人もの親族を呼び寄せ、一族で業務を拡大させていく。

支店の周辺にはアヘンの販売経路である「小同行」や、客にアヘンの吸引場所を提供する「煙館」（アヘン窟）があちこちに設けられ、街中がアヘンの白い煙に包まれた。

アヘンを吸飲すると、始めは幸福感に浸ることができるが、使用を重ねるうちに体が慣れ、より多くのアヘンを要求するようになる。果てはアヘン窟に入り浸り、神経が麻痺して動かなくなった手を従業員に補助してもらいながら「むさぼり吸う」生活を余儀なくされる。

こうして**上海は、アヘンで財を成す外国業者と、アヘンにより身を滅ぼした中毒者の相互関係で成り立つという、異様な都市となった**のである。

サッスーンは、寂れた漁村だった上海を、国を蝕む薬物を売る業者の「総本山」にし、ビルの建ち並ぶ都会へと変貌させた。そして、清を丸ごとアヘンで汚染していったのである。街に廃人が増えれば増えるほど、自身の財産も増えていく――中毒者増加の報告を受け、サッスーンは笑いが止まらなかったに違いない。

彼はモラリストではなく、ユダヤの血を色濃く受け継ぐ、徹底した現実主義の商売人であった。インドの人々を家畜のように働かせてアヘンを生産し、それを販売することで清がアヘン中毒者だらけになり、みるみる荒廃していく。

こうした背景を省みる暇があるならば、商売の腕を大いに発揮し、事業を推し進めることのほうが、彼にとってはよほど重要だったのだろう。

サッスーン（座っている男性）と息子たち。サッスーンの息子たちも、父親同様商才を発揮した。

一族の繁栄と負の遺産

そんなサッスーンは、１８６４年にこの世を去る。しかしその後も、彼の７人の子供たちがそれぞれに商才を発揮し、サッスーン財閥は三代にわたって栄え、巨富を築いた。

長男のアルバート・アブダラは、〝インドのロスチャイルド〟と呼ばれ、ロンドンでは騎士（ナイト）の称号を受けた。

さらに、アルバートの息子であるエドワードがロスチャイルド家の女性と結婚したことで、両家は親類関係になり、さらにサッスーン家の地位を揺るぎないものにした。

また、次男のエリアスは、インドと中国の貿易によって〝香港キング〟と呼ばれ、中国社会にその名を轟かせ、五男のアーサーは、アヘン貿易で儲けた資金を潤滑にイギリス本国へ送金することを目的とした「香港上海銀行」の最大の株主として出資。イギリスでは最大、世界でも3本の指に入る大銀行にまで成長させた。

そして、アヘンの輸出入の取締りが厳しくなった1885年以後も、サッスーン家は紡績工場や不動産事業へと手を広げ、インドの工業化に功績を残したと、**現在もなお高く評価されている一族**なのである。

これらの偉大な財産を残した「サッスーン商会」の創業者であるデヴィッド・サッスーンは、アヘンを上海に大量に運び込んだ、非常に腕利きの商人だったという見方もできるだろう。

しかしながら、彼の撒いた「種」は、長期にわたって中国にダメージを与えてきた。実際、あの毛沢東もアヘンの売買に携わった時期があるという説もあり、悪魔の白い粉は、常に中国に黒い影を落とし続けてきたのだ。

すなわち、デヴィッド・サッスーンの輝かしい業績と財産は、多くのアヘン中毒者の屍の上に成り立っている。これは、決して消すことのできない事実なのである。

第5章
黒い政治家

ヨシフ・スターリン
ロバート・ムガベ
ニコラエ・チャウシェスク
始皇帝
ポル・ポト
ハリー・S・トルーマン

No.25

北の大地が生んだ非情なる「鉄の人」

ヨシフ・スターリン

1878-1953
ソ連

「スターリン」はペンネーム

ユダヤ人を虐殺したヒトラー、国民の3分の1以上を骨に変えたポル・ポトなど、彼らは非情なる殺戮を繰り返したが、それ以上に多くの人を抹殺し、世界史にも大いなる影響を与えた人物がヨシフ・スターリンである。

彼は、ソビエト社会主義共和国連邦、通称ソ連の最高指導者であった。

ただ、このスターリンという名は本名ではなく、共産党機関紙の編集長をしていた時代に作ったペンネームで、意味は「鉄の人」。彼は、その名に恥じぬ**鉄のような非情さで、恐怖を撒き散らした。**

ソ連成立前のロシアでは、ロマノフ王朝による王政が続いていた。しかし、日露戦争による疲弊や相次ぐ反乱で国土は荒廃する。

そして国民は王室を見限り、第一次世界大戦中に革命を引き起こす。その中心となったのが、「ボルシェビキ」（後のソ連共産党）だった。ボルシェビキの初代指導者はウラジーミル・レーニン。スターリンは彼の右腕的存在だったが、レーニンは革命成立後の1924年に脳溢血で死亡。後継者争いに打ち勝ち、レーニンに続くソ連指導者となったのがスターリンだった。

吹きすさぶ大粛清の嵐

レーニン（左）とスターリン。レーニンの右腕だったスターリンは、レーニンの死後ソ連の指導者となった。

政権を握ったスターリンは、反抗勢力を一掃するため、まずは自分の対抗馬であったトロツキーを国外へ追放した。それを皮切りに、自分の脅威となる人物を次々と政治の場から追いやっていく。

そうして名実共にソ連の最高指導者となったスターリンが1928年に始めたのが、国内の工業化政策である「五カ年計画」だった。

その第一歩として行われた農業の集団化では、もちろん地主や富裕層から猛反発を食らった。彼らにすれば、今まで築き上げてきた財産や権利がなく

スターリンに暗殺されたセルゲイ・キーロフ。彼の暗殺が、空前絶後の大粛清の第一歩となった。

なってしまうわけで、至極当然のことである。

スターリンは、これらの富裕層たちを黙らせる必要に迫られた。そのために選んだのが、多くの独裁者たちが使ってきた手段である弾圧と粛清だった。

スターリンは、反乱分子を粛清すべく秘密警察「ゲ・ペ・ウ」を組織。逆らう者たちをことごとく逮捕し、処刑した。死を免れた者も、極寒のシベリアの収容所で1年も経たずに凍土の一部となった。

そうして、１０００万人もの屍の上に五カ年計画を成功させると、スターリンかつて追放した党員たちを党内へ呼び戻すが、これは、実は罠だった。

１９３４年、スターリンの後継者と噂されていた共産党中央委員のセルゲイ・キーロフが暗殺される。この事件の真犯人はむろんスターリンだが、彼は一部の党員を犯人に仕立て上げ銃殺し、その後、**空前絶後の大粛清**が始まった。

１９３７年、スターリンは党の空気を一新するという名目で、共に革命を戦った同士たちを次々と銃殺、あるいはシベリアに送り氷柱にしていった。

殺戮は徐々にエスカレートし、知識人や文化人、反共産主義者に一般市民までもが処刑リストに加えられ、軍に至っては8割近くの将校が処刑されてしまう。

また、ソ連人だけではなくポーランド人やモンゴル人、さらにソ連を訪れていたドイツ人やハンガリー人、日本人の共産党員も逮捕処刑され、その数は第二次世界大戦勃発までで**なんと2000万人にも上る**と言われている。

窮地を救った人海戦術と大寒波

１９４１年、中立条約を結んでいたはずのドイツが突如としてソ連へ進撃を開始し、数で勝るはずのソ連軍は各地で次々と蹴散らされていった。

ソ連軍が惨敗した理由は、スターリンにあった。先の大粛清によって優秀な指揮官のほとんどが殺され、まともに軍を動かせる者がおらず、さらに、スターリンの徹底した人間不信が災いし、ドイツ侵攻開始を告げる部下の報告さえも取り合おうとしなかったからだ。

また、兵の数では分があるとはいえ、戦い方も知らない烏合の衆と、百戦錬磨の精強なドイツ機甲兵団とでは勝負にならなかった。

それに加え、圧政に耐えかねた民衆やソ連従属国家の国民たちが反抗組織を結成。ドイツに呼応してスターリンに反旗を翻し、気がつけば、ドイツ軍は首都・モスクワの一歩手前にまで迫っていた。

人民を苦しめた独裁者は、その悪行が祟って窮地に立たされ、民衆たちの手で無様に殺されることも少なくない。スターリンも同様に、報いを受けて消え果てるかに見えた。

しかし、彼には他の者が持たない強力な武器があった。それが人口と冬将軍である。

反乱軍が組織されても、まだソ連には1億人近くの人間が残されていた。

そこで取られた対策が、人海戦術だ。動員できる人間はとにかく戦地へ送られ、ドイツ軍に対する盾にされた。

また、指揮官の側には政治将校と呼ばれる監視役を置き、兵士たちの後方には逃亡者銃殺のための督戦隊（部隊を後方から監視する部隊）が常に銃口を光らせているという状況を作った。

敵に背を向けた兵は味方の手により射殺される。捕虜になればなったで、家族がシベリアに送られ死んでしまう。こうして、兵たちは逃げることも捕虜になることも許されず、ドイツ軍の弾幕の中に突撃していくしかなかった。

こうして冬まで持ちこたえた結果、今度は冬将軍と呼ばれる猛烈な寒波がドイツ軍を襲い、スターリンは窮地を脱することができた。

そして冬が終わるころには経験を積んだ将校も育ち、ようやくソ連軍は軍隊として機能し始めたのである。

しかしながら、そうなるまでの犠牲はあまりにも大きかった。

最終的には戦争に勝利したものの、**死傷者数は約1000万人**。これは、敗戦国を合わせても段違いの数である。

他国民にも容赦なし

スターリンは、日本兵やドイツ兵の捕虜たちにも容赦がなかった。ただ、自国兵を銃弾の盾にするような人物が、敵国兵をさらにひどく扱うのは、当然と言えば当然かもしれない。捕虜たちはまずシベリアの収容所へ送られ、過酷極まりない重労働を課せられた。食事はわずかな量のパンやスープのみ。粗末な掘っ立て小屋に閉じ込められ、ろくな防寒具も与えられないまま、1日16時間以上に及ぶ金鉱掘削や鉄道建設などの重労働を強いられた。

そして、真冬になれば熱湯すら凍るほどの寒さの中にもかかわらず、捕虜は無防備な姿でその中にさらされ、凍傷などは日常茶飯事。それでも治療が受けられるはずもなく、凍った手足は即座に切り落とされた。

加えて、看守から受ける虐待も凄まじいものがあった。極限の環境下で、屈強な軍人であったはずの捕虜たちは見る見るうちに痩せ細り、故郷の家族を見ることもなく死んでいった。

スターリンにとっての捕虜とは、タダでこき使える労働力以外の何者でもなかったのである。

幸運にも解放された、ソ連におけるドイツ人捕虜たち。(©Malischew and licensed for reuse under this Creative Commons Licence)

シベリアに送られた捕虜の数は、ドイツ人が約265万人で、日本人が約60万人。このうち、**47万人近くのドイツ人捕虜が死亡し、日本人についても、約6万人もの兵士が帰らぬ人となった。**

このように、自国民に対しても他国民に対しても、暴虐の限りを尽くしてきたスターリン。そんな彼にも、当然ながら最期の瞬間はやってくる。

1953年、モスクワ郊外の別荘に滞在していたスターリンは眩暈を起こして転倒し、そのまま意識を失い昏睡状態に陥る。そして結局、その後も意識を取り戻すことなく死去した。享年74。死因は脳内出血だった。

数々の蛮行を繰り返し、多くの人間を死地に追いやってきたスターリンだが、彼が生前に断罪されることはついになかった。

悪人が必ず報いを受けるとは限らない。ヨシフ・スターリンという人物は、その好例と言えるかもしれない。

No.26

ジンバブエ
超インフレの立役者

ロバート・ムガベ

1924-
ジンバブエ

豊かだったジンバブエ

アフリカ東南部に位置する内陸国・ジンバブエ共和国。１９８０年に独立した際、「アフリカで最も恵まれた独立」と言われた国である。

その理由は、完璧に近い農業基盤にあった。白人が経営する大規模農場のみならず、黒人零細農家も高い生産力を持ち、農産物は国内での需要を上回り、余った作物が近隣国へ輸出されていたほどだ。

さらに識字率も高く、大規模な工業都市があり、鉱物資源も豊富。ジンバブエは、南アフリカで最も潤った国になるはずだった。

だが、ある男が国家のトップに立ったことで、豊かだったこの国は**「世界最悪の独裁国家」**と呼ばれるまでに転落してしまう。

その男の名は、ロバート・ムガベ。

1987年の大統領就任以来、2014年2月現在も、その椅子に座り続ける人物である。

ヒーローだったムガベ

冒頭に書いた通り、1980年にジンバブエは独立を果たし、ムガベは首相に就任した。そして1987年、ジンバブエではイギリスに倣った議院内閣制をやめ、首相職も廃止。これにより、政治的実権を握っていたムガベが大統領となる。

首相時代のムガベは、旧白人指導者に対して寛容な態度を示すその宥和策が評価され、大統領職に就いて間もない1988年には、第2回アフリカ賞が贈られている。

ジンバブエでは、白人たちも経済運営に協力した。例えば、1992年に白人の土地を買収して黒人に分配する「土地収用法」が制定された際にも、白人農場主たちは協力態勢を見せている。

こうしてムガベは一躍ヒーローとなり、1994年には、イギリス政府からバス勲章（KCB）を授与されている。

約4500人の白人が全農地の約20%を支配していたとはいえ、ジンバブエの農業構造にはほとんど問題がなかった。白人農家は大規模な機械化を推し進めていたので、彼らだけで国内需要の穀物のすべてをまかなうことができ、約1300万人の黒人農家は輸出用の穀物生産を行うだけでよく、国民が飢えることもなかった。

つまり、ジンバブエの農業は白人大農場主と黒人零細農家の両輪をもって、うまく成り立っていたというわけだ。

しかし、90年代の半ばごろからムガベは変わる。長期政権のため政府が腐敗し、失政を繰り返すようになったのだ。

そんな状況に国民は不満を持ち、特に、命を賭けて独立を勝ち取ったにもかかわらず生活が良くならない元ゲリラたちの反政府感情は高まり、１９９７年にはクーデター騒ぎまで起こっている。

その矛先を政府や自身からそらすべく、ムガベはそれまでの宥和策から急遽方向転換し、白人たちへの憎悪を煽る作戦に出る。

つまり、**「悪いのは政府ではなく白人だ」という考えを広めた**のである。

場当たり政策が生んだ狂乱物価

２０００年、ムガベは元ゲリラたちに指示を与えて白人農場を占拠し、強制収用を始める。その名目は、黒人農民に農地を再分配するためというものだったが、占拠した元ゲリラたちがそのまま農地に居座ってしまう結果となる。

ジンバブエドル紙幣（一番上は1000億ドル札）。

だが、元ゲリラに大規模農場が経営できるはずもなく、農作物の生産高は激減する。一方、白人たちは続々と国外へ退去し、約4500人いた農場主は約400人に減り、外国企業も工場を閉鎖していく。

これにより物資が不足し、需要と供給のバランスが狂い始めたジンバブエは急激なインフレに襲われ、2000年に56％だったインフレ率は、2006年には1281％にまで膨れ上がった。

そんな中、ムガベが2007年にとんでもない政策を打ち出す。それが**「価格半減令」**だ。

これは、その名の通りあらゆる商品の価格を半額にするというもので、従わない者は否応なく逮捕された。

その結果、モノは店に出回らなくなり、闇物資として流通することになる。半額では原価を割ってしまい、売れば売るほど損をしてしまうからだ。

そして、インフレが解消されるどころか物価の上昇は加速度を増し、2007年11月のインフレ率は2万6470％、2008年には16万％に達し、2009年には**2億3000万％**にまで到達する。

それに併せて高額面の紙幣が発行され、2006年の10万ドル（ジンバブエドル）札に始まり、2008年には、当時世界最高額面となる1000億ドル札が発行された。

あまりの高額のため、ジンバブエ中央銀行はデノミを実施。1000億ドルを、100億分の1の10ドルとしたが、それでもインフレは進み、2008年12月には100億ドル紙幣を発行、2009年1月には200億ドルと500億ドル札が発行された。むろんジンバブエ・ドルの価値は下がり、1米ドル＝250億ジンバブエ・ドルとなった。

それでも懲りずにジンバブエは紙幣を作り続け、最終的には2009年1月に発行された**100兆ドル札**が最高額面となり、その翌月には1兆分の1のデノミを行ったが経済は完全に破綻。4月に発行が停止され、6月に紙幣は紙くずとなった。

夫人の鉱山を守るために散財

財政が破綻し、経済が立ち行かなくなれば仕事も減る。また、仮に仕事があって給料がもらえたとしても、インフレに応じて昇給されるわけではないため、国民の生活はどん底に突き落とされた。

それでも、悪いのは白人だという主張をムガベは曲げず、農場収用以外にも様々な悪政を行った。

やりたい放題のムガベには、当然ながら批判も多い。写真は、ロンドンのジンバブエ大使館前でのムガベ政権反対デモの様子。(©TwoWings and licensed for reuse under this Creative Commons Licence)

例えば、１９９９年には１万人の兵力を４年にわたってコンゴへ派兵させた。その名目は、反政府ゲリラとの内戦が続いていたカビラ政権の支援だったが、実際には、40歳以上も年下のグレース夫人に買ってあげたダイヤモンド鉱山を守るためだった。

この派兵の経費は兵員１人につき最低でも年間１万米ドル。つまりムガベは、年間１億米ドル以上もの外貨を、若い妻の鉱山を守るために４年間つぎ込んだことになる。

彼はこの他にも、国際会議で国内の実情を訴えようとした野党議員を数人の男に鉄棒で襲わせたり、対立する議員を容疑も示さず逮捕して取調室で暴行を加えたりとやりたい放題。

また、秘密警察を使って国民を監視し、反体制勢力を容赦なく弾圧し、言論統制も行っている。

そしてムガベは、多くの国民が飢えに苦しんでいるときでも、私生活では１２０万米ドルの誕生日パーティを計画したり、香港にある５８０万米ドルの豪邸を購入するなどしている。

注目が集まる今後の動向

そんなムガベも90歳を前にして勢力が衰えたのか、あるいは、逼迫した経済状況のため自身の生活も危ないとようやく感じ始めたのか、２００８年の大統領選挙で対立候補となった「民主変革運動」（ＭＤＣ）の指導者であるモーガン・ツァンギライと２００９年の２月に連立政権を組み、ツァンギライを首相とし、さらに、ＭＤＣのテンダイ・ビティが財相に就任した。

ビティは、価値の安定した米ドルや南アフリカのランドなど、複数の外貨を使用することで、インフレ率を１％未満まで低下させ、官僚が私腹を肥やすための市場と化していた外国為替市場を閉鎖した。

さらに、生産設備の稼働率は４％から50％近くに上昇し、10年連続でマイナスだったＧＤＰ成長率も、２００９年からはプラスに転じている。

ただ、ムガベ自身は引退どころか、**２０１３年７月に行われた大統領選にも出馬し、勝利**（対抗馬はツァンギライ首相だった）しているのだ。

こうして、またしても大統領になったムガベは、やはり悪政を強いてしまうのか。ジンバブエ共和国からは、今後も目が離せそうにない。

No.27
東欧革命で唯一命を絶たれた大統領
ニコラエ・チャウシェスク
1918-1989
ルーマニア

初代大統領に就任

1989年、東欧各国で起きた民主化運動「東欧革命」。ポーランドやハンガリーは非共産主義国家となり、ベルリンの壁は崩壊した。

また、チェコスロバキアでは流血の伴わない革命（ビロード革命）が起き、一党独裁体制の放棄が決まった。

そんな中、ルーマニアは、激しい銃撃戦と大統領の処刑という血みどろの状態の末に、国家体制の変革（ルーマニア革命）を遂げた。

そして、この**東欧革命で唯一処刑された大統領**というのが、ここで取り上げるニコラエ・チャウシェスクという人物である。

1918年に農家で生まれたチャウシェスクは、初等学校で学んだ後、働くためにルーマニアの首都・ブカレストへと出る。

彼はそこで労働組合に出合い、ルーマニア共産主義青年同盟に加盟。何度か逮捕監禁されるものの、獄中において、同じ青年同盟に加入していた、後に妻となるエレナと出会っている。

そして第二次世界大戦後、チャウシェスクは青年同盟の書記長となり、共産党幹部を経て、１９４５年には中央委員会のメンバーになった。

ここでチャウシェスクは首相を歴任したゲオルギュ・デジの側近となり、１９６５年、デジの死亡に伴い第一書記に就任する。そして１９６７年には元首である国家評議会議長となり、１９７４年に大統領制が導入されると、ルーマニアの初代大統領に就任した。

西側寄りの国家路線

ルーマニアは、ソ連と国境を接する東欧の国でありながらも、独自の国家路線を歩んでいた。

デジ時代である１９５８年には、駐留していたソ連軍の撤退に成功し、また、親ソの共産党員を排除。さらに、１９６４年には自主独立路線を宣言する。

チャウシェスクが政権を取った際にもデジの政策は引き継がれ、中国の周恩来首相、ド・ゴール仏大統領、ニクソン米大統領などの訪問が相次ぎ、１９６７年には西ドイツと国交を

北朝鮮で金日成と面会するチャウシェスク。
(©the Romanian National Archives and licensed for reuse under this Creative Commons Licence)

結ぶ。

70年代には関税および貿易に関する一般協定（GATT）や国際通貨基金（IMF）などの資本主義諸国の国際機関にも加盟し、東側諸国がボイコットした1984年のロサンゼルスオリンピックにも参加している。

チャウシェスク人気が高まったのは、1968年、ソ連を中心とするワルシャワ条約軍がチェコスロバキアへ軍事介入（プラハの春）したときのことだ。ルーマニアでは、自国にも条約軍が侵攻してくるのではないかと、民衆は恐れおののいていた。

そんな中、チャウシェスクは国民集会を開いてソ連の軍事介入を批判。外国軍勢をルーマニア領内に踏み込ませないとし、国民の一致団結を求め、一躍、国民的英雄となったのである。

だが、そんな英雄が次第に**傲慢な独裁者**へと変貌を遂げていく。そのきっかけとなったのが、中国と北朝鮮への訪問だった。

当時の中国では「文化大革命」の嵐が吹き荒れ、北朝鮮では金日成が独裁体制を確立していた。こうした、ソ連とは違う共産主義体制に感化されたチャウシェスクは1971年に、中国と北朝鮮をモデルとした「文化小革命」を断行する。

こうして彼は大統領制が施行されるまでに、政治、軍事、大衆組織にわたる全主要地位を掌握し、国家のすべてを直接監督する立場となったのである。

数々の無謀な工事に着手

ルーマニアの最大権力者となったチャウシェスクは、その後、独断的な政策を次々に打ち出していく。

例えば、夫人のエレナを第一副首相としてナンバー2の地位に置き、息子たちや兄弟などの親族も国の重要なポストに就任させた。完全な縁故主義で、権力の世襲制を目指していたことが伺える。

また、文化人や知識人、一般民衆には「セキュリターテ」と呼ばれる秘密警察が監視の目を光らせ、不穏な動きに対応した。言論や情報は統制され、手紙や図書は検閲を受け、テレビ、ラジオ、新聞といったメディアは共産党の支配下に置かれた。

また、国民総動員の人海作戦を重視したチャウシェスクは「産めよ増やせよ」の政策を強行。中絶が厳しく取り締まられたため、闇手術が横行する。

膨大な予算を投じて建てられた「国民の館」（チャウシェスク宮殿）。（©Julienbzh35 and licensed for reuse under this Creative Commons Licence）

そして女性の死亡率と自殺率が上がり、孤児が増加する。彼らは国営の孤児院で育てられて洗脳され、特殊な訓練を受け、セキュリターテの一員となった。

また、西欧先進諸国にも憧れるチャウシェスクは、国の工業化を図り、農業をおざなりにする。農地を強制収用して工場を建て、農民を工場労働者へと変えていった。

さらにチャウシェスクは、自動車や飛行機といった機械部品の製造を目指し、西側諸国から資金を集めた。しかしこれで対外債務が膨れ上がり、工業製品の輸出よりも生活必需品や農産物の輸入で貿易赤字はかさみ、国際市場からの借入も増えていった。

チャウシェスクは輸出を増やしてこれに歯止めをかけようとするが、ルーマニアの工業製品は粗悪なものが多く、うまくいかない。そこで、仕方なく**国民の生活に必要なエネルギーや食料まで国外へ売却**してしまい、国民は困窮する羽目になった。

そんな状況の中、チャウシェスクは無謀とも呼ぶべき事業に着手する。その１つが「ドナウ・黒海運河」の建設だ。チャウシェスクはこれを大統領就任記念事業として１９７５年に決行。１９８４年に開通したこの大工事の総工費は、約３８０億レイ（当時の換算で約

31億7000万ドル）に上った。

もう1つの無謀な事業が、「チャウシェスク宮殿」の建設である。「国民の館」（リパブリック宮殿）とも呼ばれるこの建物の総敷地面積は38万平方メートル（東京ドームの約8倍）で、部屋数は3000を超え、1989年末までに要した総工費は160億レイ（当時のドル換算で16億ドル）だ。

また、この宮殿建設に伴い、「勝利大通り」（後にウニリ大通りに改称）の整備も進められ、宮殿と勝利大通りの総工費は約150億ドルに上った。

夫婦ともども銃殺刑に

だが、そんなチャウシェスクにもついに最期のときが訪れる。1989年12月、東欧革命の波が押し寄せる中で、チャウシェスクに不満を持つ国民は民主化を目指そうとしていた。

そんな折、セキュリタ―テが人権活動家の牧師を大都市ティミショアラから異動させるよう要求。これに抗議する住民がデモ蜂起すると、治安部隊がデモ隊に向かって発砲し、死傷者を出す。

だが、チャウシェスクはこの事件を軽視したのか、予定していたイラン訪問へ出発する。

ところが、騒ぎは収まるどころか国中に拡大し、チャウシェスクは、帰国した3日後の12月

21日、混乱を収めるべくブカレストの宮殿前広場に民衆を招集した。

チャウシェスクは、混乱を外国にそそのかされた人間が行ったものとし、治安部隊の武力鎮圧を正当なものと認め、このままの状態が続けば他の都市も武力によって押さえつけられると警告した。

自己陶酔したチャウシェスクは、さらに大げさな演説を続けようと試みた。最初こそ、今まで通りに、独裁者を称えるスローガンを叫んでいた群集だったが、演説が始まって5分後、2つの爆発音が響く。それをきっかけに群集の一部が叫んだ。

「チャウシェスクは独裁者だ！」

これで広場はパニック状態となり、狼狽したチャウシェスクは宮殿のバルコニーから姿を消し、夫人のエレナを連れてヘリコプターで脱出してしまう。

その間、ブカレストではセキュリターテのゲリラ攻撃が始まり、市民、軍隊、ゲリラが入り乱れて血みどろの市街戦が繰り広げられ、約1週間でおよそ1000人が死亡した。

そして12月23日、チャウシェスクと妻のエレナは逮捕され、25日の軍事法廷で**銃殺刑が決まり、夫婦共に即時執行**され、その様子は日本を含む西側諸国でテレビ放映されることとなった。

ちなみに、埋葬されたチャウシェスクと夫人の遺体が本人たちのものだと正式に確認されたのは、処刑から21年が経った、2010年のことである。

No.28

不老不死を切望したファーストエンペラー

始皇帝

前259-前210
中国

出生にまつわる疑惑

7つの国に分かれ、それぞれが覇権を争っていた古代中国の戦国時代。その中で、最強の大国にのし上がったのが秦であり、秦王として史上初めて「皇帝」を称したのが始皇帝だ。

始皇帝と言えば「万里の長城」や、巨大な墳墓「始皇帝陵」を思い浮かべる人も多いだろう。

また、初めて中国全土を統一し、厳密な法整備を行い、度量衡や文字も統一して国の繁栄を図った偉大なる名君だと捉えている人もいるかもしれない。そして、そんな始皇帝には、出生にまつわる疑惑がある。

7ヶ国のうちの1つである趙の都・邯鄲《かんたん》で、後に第30代秦王となる子楚《しそ》は惨めな人質生活を送っていた。そんな彼の才能に目をつけた大商人の呂《りょ》不韋《ふい》は、子楚に対して様々な支援活動を行う。

その理由は、「次期国王なるかもしれない人間に恩を売っておけば、大きな見返りがあるはず」というものだった。

そんな中、子楚は呂不韋の愛人である朱姫を気に入り、譲ってくれと言い出した。彼女は呂不韋のお気に入りだったのだが、呂不韋はコネ作りを優先させ、やむなく彼女を子楚に譲ることにした。

こうして、子楚の妻となった朱姫が産んだ男児が政。すなわち後の始皇帝である。

しかし、呂不韋が朱姫を譲ったとき、彼女はすでに妊娠しており、その相手はむろん呂不韋だった。つまり、始皇帝は先代秦王である子楚（荘襄王《そうじょうおう》）の血を受け継いでいるのではなく、**呂不韋の子供**だったというわけだ。

この話は、前漢時代に司馬遷が記した「史記」に史実として記載されている。ただ異論もあり、史実ではないという研究者も存在し、あくまで疑惑にとどまる。

淫乱だった母親

その後、荘襄王として秦の国王に即位した子楚は、呂不韋を行政の最高責任者である丞相に任命する。

人質時代に支援を受けたうえに愛人を譲ってもらったばかりか、秦が趙を攻撃し邯鄲を包囲した際、大金を工面して監視人を買収し、処刑が決まっていた子楚を邯鄲の城内から逃がしてくれたなどの恩に報いるためだ。

　その荘襄王は王位について４年目で死亡。次いで前２４６年に始皇帝が即位するものの、このときの始皇帝はまだ13歳の少年だった。

　よって、政治は母親の太后（朱姫）と呂不韋に任されることになったのだが、実は、太后は呂不韋との肉体関係を持ち続けていた。

　それどころか、歳をとるごとに太后の性欲は強くなるばかり。このことが始皇帝に知られるのを恐れた呂不韋は、身代わりにロウアイという男を太后に差し出す。

　このロウアイは「大陰人」、つまり巨大な男性器を持った人物とされている。太后はそんなロウアイに惚れ込み、とうとう妊娠してしまう。

　１人目を生み、２人目を生んだ太后は人前に出ることができず、その代わりにロウアイが政治を取り仕切るようになり、やがて彼は呂不韋をしのぐほどの力を持つようになる。それどころか、始皇帝に対し謀反まで起こしたのだった。

　始皇帝はこのときすでに22歳。密告によって自分の母親とロウアイの関係を知り、そのうえ、謀反まで起こされた彼はロウアイを攻め大勝を果たす。

　敗れたロウアイは逃亡を試みるが捕らえられ、処刑される。さらに太后が生んだ２人の子供も殺され、ロウアイに加担した者たちもさらし首となった。

「焚書坑儒」という思想弾圧

ロウアイを太后に紹介した呂不韋は中央から遠ざけられて失脚する。また、太后も政治の場から下ろした始皇帝は、まず、敵対する6国を次々に滅ぼしにかかる。

その際、趙に勝利を収めた始皇帝は都である邯鄲に出向き、自ら戦勝式を行う。邯鄲は始皇帝が9歳まで育った場所だが、その当時は、彼に辛くあたってくる者も多かった。

そんな遺恨の地に戻った始皇帝は、かつて自分をないがしろにした人々を探し出し、ことごとく穴に埋めて殺してしまったという。

その後、残りの国をすべて滅ぼした始皇帝は紀元前221年、ついに天下を統一。国家を安定させるべく中央集権体制の強化を進め、国家運営に力を入れていく。

そんな中、始皇帝が行った民衆に対する思想弾圧が、「焚書坑儒《ふんしょこうじゅ》」である。**「焚書」とは書物を焼き捨てること、「坑儒」とは儒学者を殺してしまうこと**だ。

秦は、伝統的に「法家」を重んじる国で、法律によって国を治める法治主義を採用していた。

そして、国家運営の提言を受けるために法学者を重用していたのだが、始皇帝が天下統一を果たした後は、儒学者など約70人の様々な学者を起用し、始皇帝の顧問としていた。

そのころの儒学者は秦王朝の政策を非難し、改革を求めたが、法学者は「法家思想で整えられた現状に不満を持つ者は徹底的に弾圧すべきだ」とし、人心を惑わす不必要な本をすべて焼き捨てるよう始皇帝に進言する。

その意見を聞き入れた始皇帝は前２１３年、焚書令を発布。秦の歴史を記した「秦記」以外の歴史書はすべて焼却され、民間人が持つ、医学・占い・農業以外の書物についても、すべて焼き捨てられてしまったのである。

また、始皇帝という人物は自身の老いや死を極端に恐れて不老不死を切望しており、そのため、仙人の存在、あるいは仙人の持つ不老不死の霊薬について語る「方士」と呼ばれる怪しげな人間を多く傍らに置いていた。

焚書坑儒を描いた絵「坑儒焚書」。（写真引用元：「ＮＨＫスペシャル　始皇帝」）

ところが、考えるまでもなく不老不死の獲得などといった話は夢物語である。よってこれらの方士たちに仙人の霊薬なるものが手に入れられるはずもなく、彼らは隙を見て、始皇帝のもとから逃げ出すようになった。

これに関して、始皇帝は当然ながら激怒。方士のみならず、同じようにデタラ

始皇帝陵付近に埋められた兵馬俑（古代の中国において、死者を埋葬するときに一緒に埋葬された人形）。始皇帝陵及びこれらの兵馬俑は、現在、世界遺産として登録されている。

メやまやかしを伝える学者もいるはずだと都中の学者を尋問させ、怪しいものはすべて捕らえ、見せしめのために生き埋めにしてしまう。

それと同時に、法家主義に反対する儒学者も捕らえられ、結局、**460人もの人々が生き埋めにされた**のだった。

始皇帝は暴君か名君か

出生に関する疑惑や幼少時の苦労、また、母親の邪な行動や、信頼していた人物に対する不信などがつきまとい、若いころは決して恵まれていたとは言えない始皇帝。

その反動からか、政権を完全に掌握してからは、万里の長城や大宮殿・阿房宮《あぼうきゅう》、そして自分の墳墓（始皇帝陵）などの大規模建築に着手して自身の権力を見せつけた。

そんな彼は、不老不死薬の探索に多大な国家予算をつぎ込み、神や仙人などの人間を超越した存在に憧れを抱くという一面を持ち、また、自身の政策の意見に従わない者には容赦のない仕打ちを与え、圧政で民衆を困窮させることもあった。

とはいえ、貨幣の統一により産業及び経済を飛躍的に発展させ、さらに灌漑工事によって、多くの不毛の大地を豊かにするといった、いくつもの功績も残している。

そのため、彼は必ずしも暴君だったとは言えず、むしろ、高く評価する歴史学者も少なくない。始皇帝が「黒偉人」だったかどうかについては、人によって意見が分かれるところだろう。

そんな始皇帝は前２１０年、50歳で死去している。

そして、中国全土を統一した秦王朝は、彼の死からわずか3年後に滅亡することとなるのである。

No.29

地上の地獄を作ったカンボジアの虐殺王

ポル・ポト

1925?-1998
カンボジア

写真引用元：「ポル・ポト伝」

暗黒時代の到来

70年代は共産主義国家の絶頂期とも呼べる時代だった。ベトナム戦争でアメリカが敗れ、アジア各地や東欧には共産国家が多数存在した。

だが、地上の楽園を謳ったこれら共産国家の多くが、ただの独裁国家であったことは歴史が証明している事実だ。

中でも、特にひどかった国家が「民主カンボジア」である。そこでは民衆はおろか、役人にすら自由はなく、国民たちは常に死と隣り合わせのような生活を余儀なくされていた。

そんな**地上の地獄**を作り、国家の頂点に君臨していた独裁者こそがポル・ポトである。

事の発端は70年代初頭、ベトナム戦争の余波を受けたカンボジアでは、親米派のロン・ノル将軍と共産党派のポル・ポトが争う内戦状態にあった。

この内戦は長い間膠着状態にあったが、１９７５年にポル・ポト率いるクメール・ルージュ（カンボジア共産党）が、ロン・ノル将軍側を倒し、カンボジアの新たなる支配者となった。

国民たちは、首都・プノンペンに凱旋したポル・ポトを拍手と喝采で出迎えた。ベトナムがアメリカを追い出し国を統一したように、自分たちにも輝かしい未来が訪れるのだと信じて疑わなかったのだ。

しかし凱旋してきた軍は、誰もが押し黙ったまま不機嫌そうな目で民衆たちを一瞥するのみ。そんな様子に、民衆は少しばかりの不安を感じてしまう。

そしてこの予感は、**数日も経たないうちに最悪の形で的中**することになる。

何もかも奪われた国民たち

ポル・ポトがプノンペンに凱旋して間もないころ、多数の技術者と知識人が軍によって招集された。何事かと首をかしげる彼らの前に、指揮官が歩み出てこう言った。

「われわれは新田開発のために未開の森林を開拓する計画を立てている。そのためにどうか力になってもらいたい。君たちの技術を、知恵を、祖国のために役立ててほしい」

これに対し、国を良くしたいのは自分たちも同じと、多くの者が賛同した。

しかし、彼らがトラックに乗せられて着いたのは工事現場などではなく、所々に穴の開いた荒野だった。不穏に思った彼らが振り向くと、そこには機関銃を構えて自分たちを狙う軍人たちの姿があった。そして指揮官が手を振り下ろすと、一斉に射撃が始まった。

突如放たれた銃弾に、なす術もなくなぎ倒される技術者たち。こうして技術者全員が絶命すると、軍人たちは死体を穴の中に放り込み、再び街へと向かった。むろん、新しい犠牲者を連れてくるためだ。

一方、別の場所では、憲兵が抵抗する人々を崖下に突き落としていた。彼らは僧侶と教師たちであり、当然ながら何の罪も犯していない。

またあるところでは、男が木に縛りつけられていた。彼は国内でも人気の高い歌手だった。怯える彼に向かって軍人はこう囁いた。「われわれがいいと言うまで歌を歌い続けたら助けてやるぞ」と。

彼は言われるがままに歌ったが、何曲歌っても許しはもらえない。声が掠れ、咳き込んでしまった瞬間、軍人たちが彼に向かって一斉に石を投げ始めた。身動きできない体に次々と石が襲いかかる。

「なぜ自分がこんな目に?」

その答えを得られることもなく、無慈悲な投石は彼が死ぬまで続けられた。

こうしたことが、ポル・ポト政権下のカンボジアでは日常的に行われていたのである。

政権を奪取し、国名を「民主カンボジア」に変えたポル・ポトは、共産主義を徹底するため、ありとあらゆる資本主義的要素の排斥を始めた。

貨幣経済、教育、科学、娯楽はおろか、恋愛までも全面禁止。さらには仏教も廃止され、経典や仏像は尻拭き紙や車の滑り止めに使われた。

そして、それらに関わっていた者、つまり知識人、僧侶、教師、ダンサーや歌手でさえも、資本主義の手先として銃で撃たれ、崖から落とされ、石を投げつけられ命を落としていったのである。

また、一般市民たちも都市部から強制退去させられ、農民になることを義務づけられた。家を奪われ、教育もなく、娯楽も許されないという不自由な生活の中に身を投じられた彼らにできることは、農地や森で馬車馬のように働くことだけだった。

誰もが平等に殺される国

こうして技術者などの優秀な人々が惨殺されていった結果、当然のごとく国の運営は行き詰まってしまった。

自分に異を唱える側近なども増えてくる中、ポル・ポトは大いに悩み、そしてある結論に辿り着く。

「国が良くならないのは、反逆者と敵国のスパイが暗躍しているからだ」

「S 21」は現在「トゥール・スレン虐殺犯罪博物館」になっており、当時使用された拷問器具（右）や犠牲者たちの写真などが展示されている。(拷問器具の写真：©waterboardingdotorg and licensed for reuse under this Creative Commons Licence)

結果、ポル・ポトが選んだ手段は血の粛清だった。

彼は政府高官や役人、軍人をも虐殺の対象とし、容赦なく**「S21」**と呼ばれる政治犯収容所にぶち込み、拷問の末になぶり殺した。

この粛清は、対象となった本人のみならず、その家族にまで及んだ。妻や両親はおろか、物心もつかない子供や赤ん坊すらも惨殺されたのである。

それでもなお、ポル・ポトの粛清はとどまるところを知らず、帰国した留学生や高学歴のインテリをも殺すようになった。

結果として大人の数は激減し、代わりに要職に就くことになったのは十代前半の子供たちだった。彼らはポル・ポトに洗脳され、命令であれば家族でも喜んで殺すような操り人形にされてしまったのだ。

そして、このような子供兵士に始まり、スパイや看守、果ては医師や看護師までも子供が務めることとなった。

体を患い病院へ行ったら、そこには年端もいかない少年少女が待ち受けており、彼らに注射や手術をされてしまうという状況を想像できるだろうか。むろん、こうしたひどい医療機関の増加によっても多数の命が失われている。

ただポル・ポトは、ある意味、誰もに平等な国家を作り上げたと言えるかもしれない。政府高官、軍人、民衆、大人、子供すらも区別せず、**ありとあらゆる者に対し、平等なる死を与えていった**のだから。

劇的に減った人口

民主カンボジア成立から3年後の１９７８年12月、ポル・ポトに反抗する知識人や仏教徒たちが、「カンプチア救国民族統一戦線」を結成する。

反乱軍はポル・ポトと仲の悪かったベトナム軍と手を組み、15万もの大軍勢でカンボジアを攻めた。少年兵が中心で、ろくに訓練も施されていないカンボジア軍がこれに対抗できるはずもなく、反乱軍は、１９７９年の1月に早くも首都プノンペンを包囲。ポル・ポトから国家を奪還することに成功した。

しかし、反乱軍はこのとき、肝心のポル・ポトを捕らえることはできなかった。ポル・ポトは側近たちとジャングルへ逃れ、その後も戦闘を継続し、結局、彼の身柄が拘束されたのは、１９９７年のことだった。

カンボジアのアンロン・ベンに建つポル・ポトの墓。

終身刑を言い渡されたポル・ポトは、その翌年に心臓発作で死亡。遺体は古タイヤと共に燃やされた。ちなみに、彼の死因については、服毒自殺説や暗殺説も根強く残っている。

ポル・ポト政権当時のカンボジアの人口は約８００万人だったが、この間に虐殺された人数は、２００万人から３００万人に上ると言われる。

すなわち、**わずか４年の間に、国民の４割近くが虫けらのように殺された**のである。20世紀において、ここまでの高い比率で自国民を虐殺した例は、ポル・ポトの他にない。

そして、彼が「完全なる兵士」として量産した地雷は、21世紀の現在でもカンボジアの地に多数埋まっている。

死してなお、国民を傷つけ続ける独裁者、ポル・ポト。彼はまさに、20世紀最悪の虐殺王と呼ぶべき人物なのである。

No.30

原爆の実戦使用を決断した政治家

ハリー・S・トルーマン

1884-1972
アメリカ

「偶然」大統領になった男

人類史上最大の悲劇として歴史に大きな傷痕を残す、**広島・長崎への原爆投下**。それを指示した人物こそが、第33代アメリカ合衆国大統領、ハリー・S・トルーマンである。

本当に原爆投下は必要だったのかという問題に関して、被爆国である日本では、当然ながら「必要なかった」という意見が多数を占める。

しかし、アメリカではトルーマンについて「戦争を早期終結に導き、アメリカと日本の被害を食い止めた大統領」という評価が定着しており、また、トルーマン自身も、**生涯「謝罪なし、後悔なし」の姿勢を貫いてきた**。

１８８４年、ミズーリ州の農家に生まれたトルーマンは、高校卒業後、洋品店経営など様々な職を転々とした苦労人であった。その後は、友人のコネで州の役職に就き、そのまま「流れで」上院議員となる。

そんな彼が政治家として出世したきっかけは、第二次世界大戦の勃発だった。トルーマンはその几帳面な性格を生かし、大戦による軍事費の不正使用調査を行い、浪費を食い止めたことが評価されたのである。

その仕事ぶりが「真面目で自己主張があまり強くない副大統領候補」を探していた民主党のルーズベルト大統領の目に留まり、彼のゴリ押しでまたもや「流れで」副大統領になってしまう。

そんなルーズベルトの望み通り、トルーマンはオーラも野心も感じられない地味な存在で、会議にすら呼ばれない名前だけのお飾り状態だった。

ところが、副大統領になってわずか82日で、ルーズベルトが病気で急死してしまう。こうして、心の準備も政治家としての勉強も足りないまま、１９４５年4月、トルーマンはついに「流れで」アメリカ合衆国大統領にまで上り詰めてしまったのである。

その結果、側近などからも「ホワイトハウスの場所が分かるのか?」「潰れた洋品店のおやじが大統領になった」などと陰口を叩かれてしまう。

しかし、このときの強烈なコンプレックスが、後の彼の「ある決断」に大きく影響することとなるのである。

反対を押し切り原爆投下を決断

こうして、第二次世界大戦の真っただ中に、繰り上げで大統領に就任したトルーマン。しかも、そんな彼が就任後初めての閣議で知らされたのは、当時進行していた世界最大の殺戮兵器、原子爆弾の開発についての事案であった。

ほんの3ヶ月前までは蚊帳の外にいたトルーマンが、急に国の代表として「原子爆弾を使用するかどうか」という決断を任される羽目に陥ったのである。

原爆の使用について、共和党側の米陸海軍の将軍たちは全員反対であった。そんな爆弾を投下しなくても、日本は力尽きるという予想が大勢を占めていたからである。

特に、陸軍元帥のアイゼンハワーは何度も「原爆使用は意味のない人殺しをするだけだ」とトルーマンに進言している。

しかしながら、トルーマンは原爆投下にこだわった。

そしてなんと、投下の2日前に共和党の軍人たちに原爆使用の決断を伝えるとい

原爆の投下をめぐりトルーマンと対立したアイゼンハワー陸軍元帥。なお、アイゼンハワーは、後に第34代アメリカ合衆国大統領になる。

原爆が投下された直後には、巨大な「キノコ雲」が生じた（写真は広島に投下された原爆によるキノコ雲）。

う、ギリギリの強攻策を取ったのである。

かくして、1945年8月6日に広島に、8月9日には長崎に原爆が落とされた。

原爆投下にこだわった理由

では一体、なぜトルーマンはそこまで原爆投下に積極的だったのか。そして原爆は、トルーマンの声明通り、本当に「戦争を早く終結させるための最終手段」だったのか。

これについては様々な説が囁かれている。

その1つは、大戦後に予想されていたソ連との対立に向け、原爆を使用することでアメリカの軍事的優位性を誇示したというもの。しかしこの指摘について、トルーマンは全面的に否定している。

この他、アメリカにとって原爆は「核エネルギービジネス」の記念すべき第一弾商品であり、**その効果を試す必要があった**という説もある。

トルーマンが几帳面な性格であったことから考えれば、この説に信憑性が感じられなくもない。

彼が「マンハッタン計画」（原爆開発計画）を引き継いだのは偶然だったとはいえ、当時で19億ドル（国家予算の20％）もの予算を使った、大規模な開発をムダにしたくなかったのかもしれない。

さらには、国の事情だけでなくトルーマン自身の性格や育った環境を起因とする説も根強く、その1つが、トルーマンがWASP（ホワイト・アングロサクソン・プロテスタント）であることが関係しているというもの。

WASPの思想は「アングロサクソン系白人のプロテスタントだけが神に認められた民である」というものであり、トルーマン自身、**「日本人」という民族そのものを、守るに値しない野蛮人と捉える傾向があった**という。

そしてもう1つは、トルーマンが「望まれて就任した大統領ではない」ことによるコンプレックスが原因だというもの。

前任のルーズベルトが偉大だったこともあり、トルーマンは大統領として「常に男らしく振る舞い、何事も迅速に決断しなければならない」という意識があったという。

実際、トルーマンが大統領を辞めた後、「原爆投下の決定もこんなふうに決めたんだ」と指をパチンと鳴らしてみせたというエピソードもあり、見栄による速断という説は、あながち噂だけではなさそうである。

1945年8月14日（アメリカの日付）、日本の降伏を発表するトルーマン。彼は戦後も一貫して、原爆投下の正当性を主張し続けた。

原爆投下を生涯正当化する

原爆の投下後には、「ナチスのアウシュビッツに匹敵する殺戮」などと世界から激しい批難を受けることになったトルーマンだが、本項の冒頭で述べた通り、当の本人が反省や後悔を示すことはまったくなかった。

1958年2月に放送されたテレビ番組の対談では、**「私は広島、長崎の原爆攻撃を指令した後に良心の咎めを少しも感じなかった」**と語り、さらに**「必要があれば水爆も使う」**とも発言する。

この発言に対して、原水爆禁止広島県協議会は抗議文を発送する。ところが、トルーマンは逆に「私が原爆の投下を命令しなければならなかった事情を、なぜまだ日本側が了承しないのか分からない。原爆が使用されたのは日本の指導者の罪であると伝え続けているのに」と、疑念の姿勢を見せる始末であった。

こうしたトルーマンの態度は、原爆の投下前も投下後もどこか「ズレ」がある感が否めない。

というのも、原爆の威力を本当に理解しているのか怪しいような発言や記録が多いのである。

例えば、広島への原爆投下前、原爆実験が成功したという報告を受けた際には、「女性や子供を目標としないようにと言っておいた」と日記に書いているが、当然ながらそんなことは不可能だ。原爆が無差別殺人兵器という認識がどこか欠けているように思えるのである。

さらに彼は、原爆を「恐ろしい兵器であるが、最高の方法として生かすこともできる」としている。

仮にこれが、原爆を標的以外は殺さない「魔法の兵器」と捉えていたことから生まれた発想だとすれば、あまりにも原爆に対する理解が足りないと言わざるを得ない。

ただその一方で、トルーマンは、１９５０年の朝鮮戦争への武力介入決定の際には戦争拡大を懸念し、核の使用を進めるマッカーサーを解雇して原爆投下を回避しているが、それでも日本への原爆投下の決断に関しては、88歳で死去するまで、生涯正当化し続けた。

トルーマンを1人の人物として見た場合、その人柄は、愛妻家でお人好し、神を崇拝する正直者であったという評価がされることもある。

しかし、だからこそルーズベルトのような計算高い腹黒さとはまったく種類の違う、自分の信念に対してまったく疑わないという、言わば「真っ直ぐな不気味さ」のようなものを感じずにいられない。

おわりに

本書の執筆にあたって多くの資料を調べているうちに、既存のイメージを覆されることが多々あった。特に印象深かったのが東條英機だ。

一般に東條は、あの悲惨な戦争を推し進めた張本人だと思われがちである。とりわけ戦中戦後世代の中には、絞首刑も当然だと考える人が少なくないだろう。

けれども、本文にも記した通り、東條は真面目で人当たりが良く、曲がったことが大嫌いだったという。権力欲はなく、ただ与えられた職務を忠実に全うするだけ。そんな彼に与えられた職務が「戦争の遂行」だった。

よって、真面目な東條の頭の中には戦争を「遂行する」という意識はあっても、「終結させる」という考えは生まれなかったのだろう。

また、愛する女性を失ったばかりに残虐な趣味に走ったジル・ド・レイや、生粋のお嬢様だったマリー・アントワネットには哀れみさえ覚えてしまった。

何をもってその人物を「偉人」とするか、「悪人」とするか、その線引きは難しい。

本書で取り上げた人物の中でも、パブロ・エスコバルは麻薬王ながら地元では英雄であり、オサマ・ビンラディンは、イスラム過激派たちから今なお尊敬を集めている。

フランシスコ・ピサロによる、どう考えても非道な蛮行の数々でさえ、当時のスペインでは当たり前の行為だったかもしれないのだ。

そんなことを考えながら、各項の担当執筆者たちが〝黒偉人〟たちの人生を綴ったのが本書である。

とはいえ、わずか数ページで濃い人生を送った彼らの人物像を描くのはさすがに困難だった。専門家によっては、「この説や考えは誤りである」と指摘する向きもあるかもしれない。

しかし、偉人かそうでないかの基準と同じく、その人物に対する評価というものは、接する側の印象で変わるはずだ。たとえ、資料に記された文章で過去の人物（現代の人物も含め）に接しただけであっても、その印象は個々人によって違ってくる。

だからこそ、本書を読んだ後に興味を持った〝黒偉人〟がいたとすれば、その人物についてより深く掘り下げた資料などにあたり、自分なりの評価を与えてもらいたい。

この本が、そんな好奇心を促す一助となれば幸いである。

最後に、本書の執筆に際し、ありったけの力を発揮してくれたスタッフ一同をねぎらうと共に、いろいろとご迷惑をおかけした彩図社編集部の北園様には改めて御礼を申し上げます。

そして、最後まで読み進めてくれた読者の皆様方、本当にありがとうございました！

黒偉人研究委員会

主要参考文献・サイト一覧

「庄司淺水ノンフィクション著作集9　世界残酷物語」庄司淺水著（三修社）
「コロッセウムからよむローマ帝国」島田誠著（講談社）
「ネロ」P・ファンデンベルク著／平井吉夫訳（河出書房新社）
「シリーズ絵解き世界史3　ローマ帝国と皇帝たち」ニック・マッカーティ著／本村凌二訳（原書房）
「ローマ人の物語Ⅶ　悪名高き皇帝たち」塩野七生著（新潮社）
「吸血鬼」吉田八岑著（北宋社）
「ゾルゲ引裂かれたスパイ」ロバート・ワイマント著／西木正明訳（新潮社）
「私は、スターリンの通訳だった。第二次世界大戦秘話」ワレンチン・M・ベレズホフ著／栗山洋児訳（同朋舎出版）
「スターリン秘録」斎藤勉著（扶桑社）
「赤い帝国　発表を禁じられていたソ連史」ギネス・ヒューズ著／サイモン・ウェルフェア著／内田健二訳（時事通信社）
「世界現代史29　ソ連現代史〈Ⅰ〉ヨーロッパ地域」倉持俊一著（山川出版社）
「怪僧ラスプーチン」マッシモ・グリッランディ著／米川良夫訳（中央公論新社）
「最後のロシア皇帝ニコライ二世の日記（増補版）」保田孝一著（朝日新聞社）
「ロシア・ソ連を知る事典」川端香男里・佐藤経明・中村喜和・和田春樹監修（平凡社）
「中国がひた隠す毛沢東の真実」北海閑人著／廖建龍訳（草思社）
「毛沢東」ジョナサン・スペンス著／小泉朝子訳（岩波書店）
「毛沢東伝　付毛沢東教育語録」王力著／竹内実訳（太平出版社）
「ジャンヌ・ダルク　超異端の聖女」竹下節子著（講談社）
「フランス史」福井憲彦編（山川出版社）
「マリー・アントワネットの生涯」藤本ひとみ著（中央公論社）
「その時歴史が動いた24」NHK取材班編（KTC中央出版）
「世界犯罪者列伝　悪のスーパースターたち」アラン・モネスティエ著／高橋啓訳（JICC出版局）
「イヴァン雷帝」ルスラン・グリゴーリエヴィチ・スクルィンニコフ著／栗生沢猛夫訳（成文社）
「ロシア皇帝歴代誌」デヴィッド・ウォーンズ著／栗生沢猛夫訳（創元社）
「西太后」濱久雄著（教育社）
「西太后秘話　その恋と権勢の生涯」徳齢著／さねとうけいしゅう訳（東方書店）
「フィンランド軍入門　極北の戦場を制した叙事詩の勇者たち」齋木伸生著（イカロス出版）
「世界伝説コレクション」山口智司著（彩図社）
「世界悪女大全　淫乱で残虐で強欲な美人たち」桐生操著（文藝春秋）
「アメリカ大統領物語」猿谷要編（新書館）
「黙殺　ポツダム宣言の真実と日本の運命〈上〉〈下〉」仲晃著（日本放送出版協会）
「マフィアの興亡」タイムライフ編／平野勇夫訳（同朋舎出版）
「世界犯罪百科全書」オリヴァー・サイリャックス著／柳下毅一郎訳（原書房）
「世界犯罪クロニクル　現代史の悪名高い重罪犯たちと彼らの極悪非道な犯罪の数々」マーティン・ファイドー著／中村省三訳（ワールドフォトプレス）
「キリスト教を問いなおす」土井健司著（筑摩書房）
「インディアスの破壊についての簡潔な報告」ラス・カサス著／染田秀藤訳（岩波書店）
「上海人物誌」日本上海史研究会編（東方書店）
「図説　アメリカ軍の日本焦土作戦　太平洋戦争の戦場」太平洋戦争研究会著（河出書房新社）
「アステカとインカ黄金帝国の滅亡」増田義郎著（小学館）
「カウボーイの米国史」鶴谷壽著（朝日新聞社）
「阿片の中国史」譚璐美著（新潮社）
「世界のマフィア　越境犯罪組織の現況と見通し」ティエリ・クルタン著／上瀬倫子訳（緑風出版）
「植物性アッパー　コカイン」ニック・コンスタブル著／山本章子訳／山川健一監修（太田出版）

「世界中が凍りついた疑惑の大事件」歴史の謎を探る会編（河出書房新社）
「パブロを殺せ 史上最悪の麻薬王VSコロンビア、アメリカ特殊部隊」マーク・ボウデン著／伏見威蕃訳（早川書房）
「キング牧師とマルコムX」上坂昇著（講談社）
「マルコムX」荒このみ著（岩波書店）
「そうだったのか！現代史パート２」池上彰著（集英社）
「オサマ・ビンラディン」エレーン・ランドー著／松本利秋監訳／大野悟訳（竹書房）
「仕組まれた9・11アメリカは戦争を欲していた」田中宇著（PHP研究所）
「中国文明の歴史3 秦漢帝国」日比野丈夫著（中央公論新社）
「歴史群像シリーズ54 元亀信長戦記 織田包囲網撃滅の真相」（学習研究社）
「ビッグマンスペシャル 歴史クローズアップ 織田信長 その独創と奇行の謎」（世界文化社）
「戦国時代の大誤解」鈴木眞哉著（PHP研究所）
「姫君たちの大戦国絵巻」新人物往来社編（新人物往来社）
「アフリカレポート 壊れる国、生きる人々」松本仁一著（岩波書店）
「赤い王朝 チャウシェスク独裁政権の内幕」イオン・M・パチェパ著／住谷春也訳（恒文社）
「ルーマニア史」ジョルジュ・カステラン著／萩原直訳（白水社）
「ルーマニアを知るための60章」六鹿茂夫編（明石書店）
「現代東欧史 多様性への回帰」ジョゼフ・ロスチャイルド著／羽場久浘子訳・水谷驍訳（共同通信社）
「チャウシェスク銃殺その後 ルーマニアはどこへ」鈴木四郎著（中央公論社）
「父が子に教える昭和史」柳田邦男著／藤原正彦著／福田和也著／中西輝政著／保阪正康著／半藤一利著（文藝春秋）
「ビジュアル版人間昭和史3 悲劇の将星」扇谷正造他監修（講談社）
「英雄の素顔 ナポレオンから東條英機まで」児島襄著（ダイヤモンド社）
「東條英機 封印された真実」佐藤早苗著（講談社）
「その時歴史が動いた別巻 ヒトラーと第三帝国」NHK取材班編（KTC中央出版）
「ナチス第三帝国を知るための101の質問」ヴォルフガング・ベンツ著／斉藤寿雄訳（現代書館）
「ヒトラーとは何か」セバスチャン・ハフナー著／赤羽龍夫訳（草思社）
「図解雑学 宮本武蔵」岸祐二著／加来耕三監修（ナツメ社）
「宮本武蔵 卑怯のすすめ」新選社編（新選社）
「女帝と道鏡 天平末葉の政治と文化」北山茂夫著（中央公論新社）
「道鏡」横田健一著（吉川弘文館）
「日本の歴史4 天平の時代」栄原永遠男著（集英社）
「日本の歴史6 王朝と貴族」朧谷寿著（集英社）
「歴史に咲いた女たち 飛鳥の花 奈良の花」石丸晶子著（廣済堂出版）
「日本の時代史4 律令国家と天平文化」佐藤信編（吉川弘文館）
「戦争の日本史6 源平の争乱」上杉和彦著（吉川弘文館）
「標準日本史年表」児玉幸多編（吉川弘文館）
「アミン大統領」エーリッヒ・ヴィーデマン著／芳仲和夫訳（朝日イブニングニュース社）
「ドキュメント現代史16 文化大革命」竹内実編（平凡社）
「ポル・ポト伝」デービット・P・チャンドラー著／山田寛訳（めこん）
「NHKスペシャル 始皇帝」NHK取材班著（日本放送出版協会）
「外務省」（http://www.mofa.go.jp/mofaj/）
「ニューズウィーク日本版オフィシャルサイト」（http://www.newsweekjapan.jp/）
「VISIT FIRST」（http://www.visit-first.jp/）
「MSN産経ニュース」（http://sankei.jp.msn.com/top.htm）
「AFPBB News」（http://www.afpbb.com/）

歴史《れきし》を翻弄《ほんろう》した 黒偉人《くろいじん》

2014年4月23日　第1刷

編　者　黒偉人研究委員会

制　作　オフィステイクオー

発行人　山田有司

発行所　株式会社　彩図社《さいずしゃ》

〒170-0005　東京都豊島区南大塚3-24-4 MTビル
TEL:03-5985-8213
FAX:03-5985-8224

印刷所　新灯印刷株式会社

URL：http://www.saiz.co.jp
http://saiz.co.jp/k（携帯）→

 ISBN978-4-88392-984-9 C0195

※本書は、2010年に発行された「歴史を翻弄した 黒偉人」（小社刊）を加筆・修正・再編集して文庫化したものです。

※本書に書いている国内・海外情勢、人物の肩書などの情報は、特に断り書きがない限り、2014年2月現在のものです。